BETTINA WINTERFELD

NEW YORK

Eine Stadt in Biographien

Herausgegeben
von Norbert Lewandowski

MERIAN porträts

DIE AUTORIN

Bettina Winterfeld lebt in München und schreibt Reportagen für renommierte Blätter wie »Frankfurter Allgemeine Zeitung«, »Süddeutsche Zeitung« und »Vogue«. Sie hat Bücher über Bali, Marokko, Burma, Portugal, Süd-England und Österreich verfasst und lehrt als Dozentin »Biographisches Schreiben«. Ihre während des Amerikanistik-Studiums entdeckte Leidenschaft für New York konnte sie nun bei der biographischen Spurensuche in der Stadt neu aufleben lassen.

»Für mich ist New York immer der Ort der Verzauberung, der Erregung und der Lebensfreude; ich möchte niemals irgendwo anders leben …«, sagt Woody Allen über seine Stadt.

Wie alle Metropolen wird New York nicht in erster Linie von seinen Bauwerken, sondern von den Menschen geprägt, die in der Stadt geboren und gestorben sind oder hier gelebt haben. In MERIAN *porträts* begleiten 20 Personen die Besucher wie individuelle Reiseleiter durch New York.
Die Führung beginnt mit dem Stadtgründer Pieter Stuyvesant auf einem indianischen Trampelpfad, aus dem der Broadway entsteht. Wir erleben, wie diese Siedlung durch außergewöhnliche Persönlichkeiten zu einer Weltmetropole wird, und begegnen schillernden Figuren wie John D. Rockefeller, dem Mafiaboss Lucky Luciano und George Gershwin.
Natürlich ist es schwer, die »richtigen« 20 Personen auszuwählen; vermutlich ist es sogar unmöglich, schließlich wird New York von all seinen Bewohnern geprägt. Doch in der Summe soll unsere subjektive Auswahl das unverwechselbare Kaleidoskop New York erstrahlen lassen.
Wir lassen uns treiben von den Songs Louis Armstrongs und der Musik Leonard Bernsteins, begegnen in Harlem dem schwarzen Bürgerrechtler Malcolm X, folgen den Beschreibungen der Schriftsteller Arthur Miller, Truman Capote, Tom Wolfe, Paul Auster und Siri Hustvedt, lachen mit Barbra Streisand, erleben mit Rudolph Giuliani 9/11, die Apokalypse dieser Stadt, und mit dem Tod von John Lennon einen Mord, der die Welt empörte. Wir folgen den Wegen Woody Allens und Robert De Niros und dem Hype um Sarah Jessica Parker und ihrer Kultserie »Sex and the City«. Pausen werden nicht gegönnt in dieser Stadt, die niemals schläft.
Oder wie die Pariserin Simone de Beauvoir neidlos feststellte: »Da ist irgendwas in der New Yorker Luft, das Schlaf sinnlos macht.«

Farbige Kästchen mit Ziffern **1** und farbige Buchstaben-Ziffern-Kombinationen **(▸ *D 3*)** verweisen auf die Orientierungskarte auf S. 8/9.

AUF EINEN BLICK

Ohne ihre Bewohner wäre die Stadt eine andere. Ohne Rockefeller, Barbra Streisand, Rudolph Giuliani … wäre New York nicht New York.

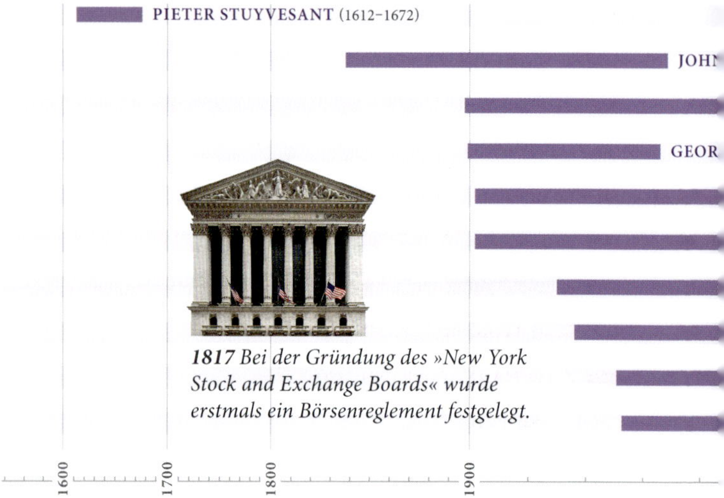

1817 *Bei der Gründung des »New York Stock and Exchange Boards« wurde erstmals ein Börsenreglement festgelegt.*

1609 *landete der englische Seefahrer Henry Hudson in der Bucht von New York.*

1886 *Das New Yorker Wahrzeichen Statue of Liberty ist ein Symbol für Freiheit und Demokratie.*

***1967** entschied die Stadtverwaltung, dass alle offiziell lizenzierten Cabs gelb lackiert werden müssen.*

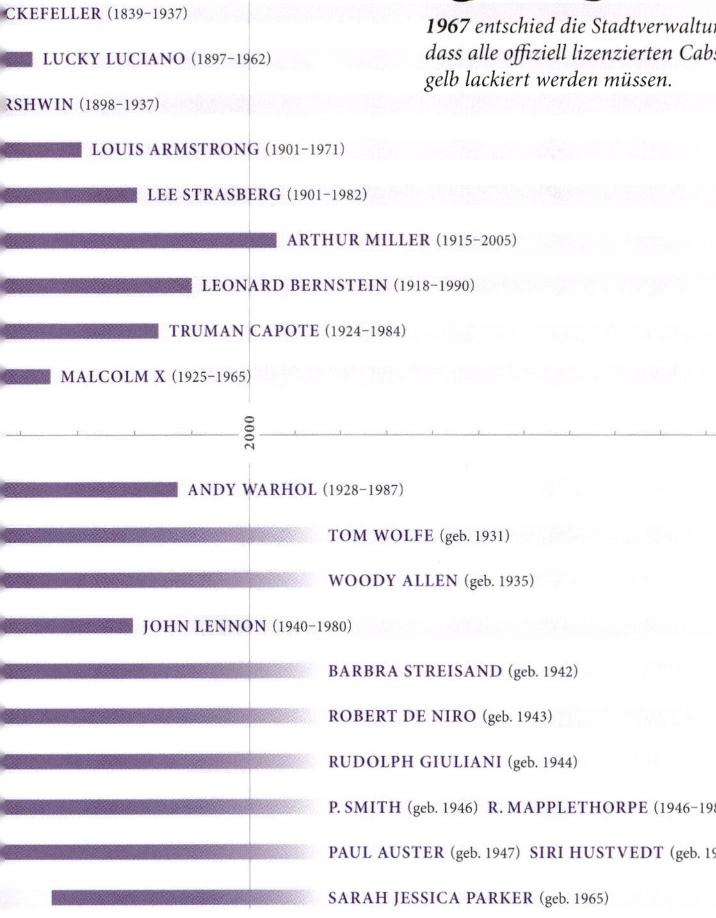

ORIENTIERUNG

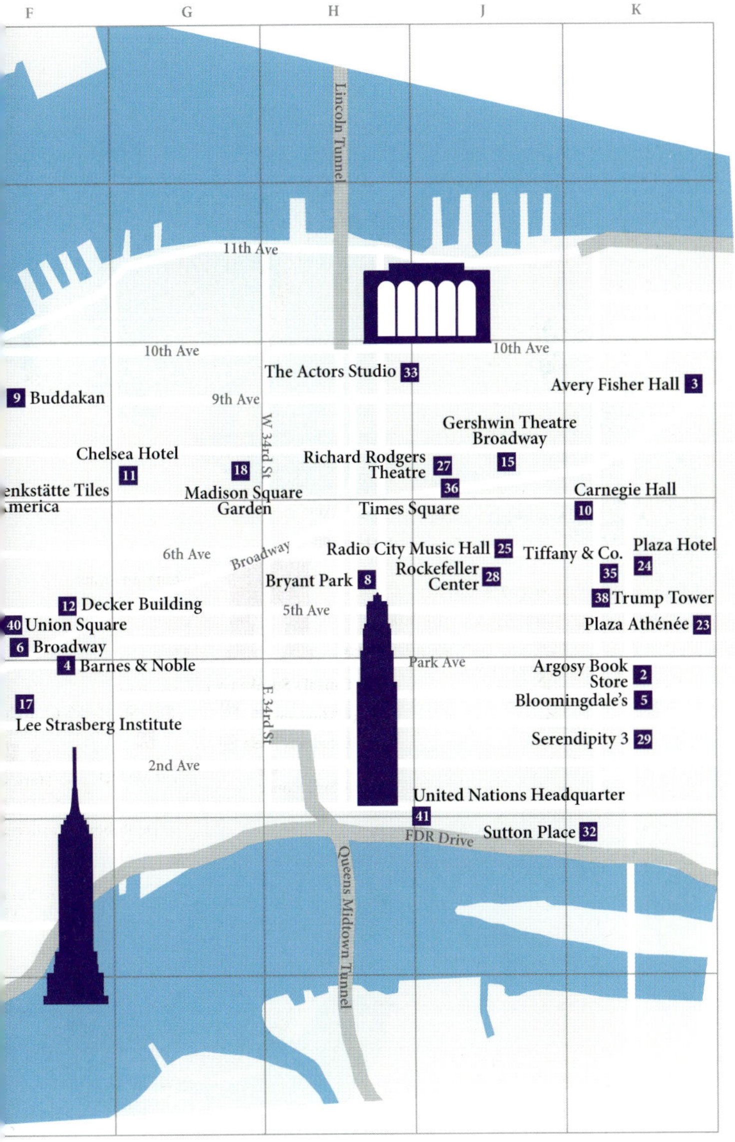
F
G
H
J
K
Lincoln Tunnel
11th Ave
10th Ave
10th Ave
The Actors Studio 33
Avery Fisher Hall 3
9 Buddakan
9th Ave
W 34rd St
Gershwin Theatre
Broadway
15
Chelsea Hotel
11
18
Richard Rodgers
Theatre
27
36
enkstätte Tiles
merica
Madison Square
Garden
Times Square
Carnegie Hall
10
6th Ave
Broadway
Radio City Music Hall 25
Tiffany & Co.
Plaza Hotel
35
24
Bryant Park 8
Rockefeller
Center 28
12 Decker Building
38 Trump Tower
5th Ave
40 Union Square
Plaza Athénée 23
6 Broadway
4 Barnes & Noble
Park Ave
Argosy Book
Store 2
Bloomingdale's 5
17
E 34rd St
Lee Strasberg Institute
Serendipity 3 29
2nd Ave
United Nations Headquarter
41
FDR Drive
Sutton Place 32
Queens Midtown Tunnel

PIETER STUYVESANT

1612–1672

Der einbeinige holländische Haudegen baute auf der Insel »Mannahatta« die Siedlung Neu-Amsterdam auf – bis die Engländer kamen und die aufblühende Kolonie einfach übernahmen.

Ob er den Jazz gemocht hätte, der heute in seiner Kirche gespielt wird, dem Gotteshaus *St. Mark's Church-in-the-Bowery* **30** *(▸ E5)*, in dem er schließlich doch noch seine letzte Ruhe findet? Diese unorthodoxen Klangfolgen und Rhythmen, gespielt von schwarzen Männern, die er nur als Sklaven gekannt hat, mit deren Handel man sehr viel Geld verdienen konnte – aber nie und nimmer als freie Musiker, für deren Getrommel man eines Tages sogar Geld bezahlt? Nein, Pieter Stuyvesant hätte nichts mit so einer Musik anfangen können, wie sie aus der kleinen Kirche herausschallt. Dennoch verzieht der Gouverneur keine Miene, als die Trommler und Trompeter an ihm vorbei durch das eiserne Tor ins *East Village (▸ E6)* hinaus strömen. Wie sollte er auch, wo er doch in Bronze gegossen bis in alle Ewigkeit dazu verdonnert ist, auf seinem Sockel stehen zu bleiben und stoisch geradeaus zu blicken.

Dabei beginnt die Geschichte schon im September 1609, fast vier Jahrzehnte vor Stuyvesants Ankunft in Neu-Amsterdam, dem

Pieter Stuyvesant, der letzte Generaldirektor der Kolonie Nieuw Nederland und eigentliche Gründer von New York. Stich von 1874.

heutigen New York. Damals, am 12. September 1609, als *Henry Hudson* zum Schutz vor den Altantikbrechern in die breite Bucht einbog und auf eine große, grüne Insel zusegelte, schwante dem britischen Seemann: Dies hier konnte unmöglich die richtige Seeroute nach China sein, die er, Kapitän Henry Hudson, im Auftrag der holländischen Regierung finden soll. Schon wieder hatte er die Westpassage verpasst!

Aus dem Urwald von Manhattan wurde ein Häusermeer. Im Central Park kann man die ursprüngliche Vegetation noch erahnen.

Dann erkennt Hudson das Potenzial dieses zufällig entdeckten Naturhafens und lässt erst einmal Anker setzten. Die Insel ist bewohnt und die Segel des 80 Tonnen schweren Dreimasters haben ihre Bewohner angelockt. In Scharen strömen sie am Ufer zusammen, Männer, Frauen und Kinder, die den Neuankömmlingen in 28 Kanus entgegenrudern und die sich, wie später einer der Seeleute berichten wird, über den Besuch der Fremden freuen.

Heute kann man sich allenfalls im hügeligen *Central Park* *(▸ K 3/4)* noch vorstellen, was für eine üppig blühende Insel Henry Hudson vorfand: Astern wiegen sich im Wind, Gauklerblumen sprenkeln die Wiesen mit herbstlichem Gelb, über Seen und Sümpfe kreisen Fischadler. »Mannahatta«, Insel der vielen Hügel, so nennen die Lenape, die hier seit dem Ende der Steinzeit leben, ihr friedliches Biotop. Hudson ist äußerst angetan von dem, was er sieht. Dies hier sei »das angenehmste Land, das man betreten kann«, berichtet er seinen holländischen Auftraggebern. Ideal, um im Schutz eines Naturhafens einen Handelsstützpunkt zu errichten.

»Mannahatta«, das spätere *Manhattan*, mit seinen mehr als 500 Felsbuckeln, ist das Herz dieses Hafens. Die Insel ist von Laubwäldern mit Magnolien, Kastanien, Walnussbäumen, Eichen und Fichten überzogen, ein ideales Revier für Hirsche und Elche. An den Flussufern nisten Vögel, Biber bauen ihre Burgen. Heute erinnert eine Bronzeplastik im *Morningside Park* von *Harlem* an die Bären, die durch das Dickicht der holländischen Siedlung Neu-Haarlem streiften. Der Stamm der Lenape lebt von Landwirtschaft und Muscheln, die an der Küste gesammelt werden. Die Menschen legen Gärten mit Mais, Bohnen und Kürbis an.

BALD KOMMEN DIE ERSTEN SCHWARZEN SKLAVEN

Hudson kehrt zurück nach *Amsterdam* und berichtet dem König, dass er zwar nicht die Westroute nach China gefunden habe, dafür aber einen wunderbaren Hafen mit prächtigem Hinterland. Trotzdem dauert es 15 Jahre, bis das erste Schiff mit holländischen Kolonisten in der *Hudson Bay* eintrifft. Anders als Boston oder Philadelphia wird New York nicht von verfolgten Visionären gegründet, die religiöse Freiheit suchen, sondern als Handelsplatz. Die Niederländer sind allein am lukrativen Seehandel interessiert. Ihre Siedler roden Wälder, legen Sümpfe trocken und bauen Obst und Gemüse an. Sie gründen Neu-Haarlem, das heutige *Harlem*, und besiedeln das *Bloemendael*, (Tal der Blumen) an der Upper West Side. Die Insel »Mannahatta« untersteht nun der *Niederländischen Westindiengesellschaft*. Bald verlassen ihre mit Nerz-, Bären- und Biberfellen beladenen Schiffe viermal im Jahr den Hafen von Neu-Amsterdam in Richtung Heimat.

Dennoch kommt die Kolonie nicht richtig in Schwung. Für auswanderungswillige Holländer sind die Küsten von Fernost und

Brasilien als Handelsplätze für Gold und Gewürze rentabler als der Pelzhandel. Außerdem fehlt es an Arbeitskräften, die Siedler fordern für ihre Farmen und zum Bau eines Forts Sklaven an. Schon kommt aus Angola das erste Schiff mit Zwangsarbeitern.

Im Jahr 1626 unterbreitet der Gouverneur *Pieter Minuit* den Ureinwohnern ein folgenschweres Angebot. Er will die Insel kaufen und bietet ihren Häuptlingen dafür 60 Gulden. Für den Gegenwert von zwei Monatslöhnen oder anderthalb Kühen, so brüstet sich später der Buchhalter der Handelsgesellschaft, sei der Tausch über die Bühne gegangen. In Wahrheit haben die Holländer statt der 60 Gulden (umgerechnet 24 Dollar) knapp 600 Dollar für 5700 Hektar fruchtbares Land bezahlt.

Weitaus weniger gut ist das Geschäft für die Indianer, die den Tauschhandel als vorübergehend betrachten. 1643 versucht ein Gouverneur, von ihnen Steuern zu kassieren. Als sich die Indianer weigern, brechen die Holländer einen Krieg vom Zaun. Soldaten überfallen zwei Dörfer und metzeln die Bewohner nieder.

Die Kolonie beginnt auseinanderzubrechen. Die Bevölkerung schrumpft, Aggressionen, Trunkenheit und Chaos machen sich breit. Um für Ordnung zu sorgen, schicken die Holländer Pieter Stuyvesant nach Neu-Amsterdam. Der 37 Jahre alte Ministersohn hat bis dahin auf der Karibikinsel *Curaçao* für die Westindische Kompanie gearbeitet und während eines Gefechts sein rechtes Bein verloren. Im Frühjahr 1647 tritt er sein Amt als neuer Gouverneur an. »Ich werde euch regieren wie ein Vater seine Kinder«, verspricht er seinen Untertanen und verbietet ihnen das Rasen auf dem *Broadway* **6** *(▸ F4)*, dem uralten und bis heute erhaltenen Indianerpfad, der sich anders als das später angelegte, strikt rechtwinklige Straßennetz schräg über die Insel schlängelt. Auch die »Unzucht mit Indianern« sowie der Besuch einer Bar am Kirchensonntag werden unter Strafe gestellt.

»Der Fall von Neu-Amsterdam«: 1664 kapituliert Stuyvesant und muss die Provinz an die Engländer übergeben.

Pieter Stuyvesant räumt rasch und nachhaltig auf. Der Puritaner mit dem eisernen Willen und aufbrausenden Temperament ist nicht beliebt, aber effizient. Er baut eine Straße nach Neu-Haarlem, erweitert die Hafenanlagen und errichtet zum Schutz vor Indianern und Engländern einen 700 Meter langen Wall. Die Straße, die an ihm entlang führt, wird später als Finanzmeile *Wall Street* 42 *(▸ B 5)* weltberühmt.

Mit seiner Familie bezieht er im heutigen *East Village* in der kurzen *Stuyvesant Street (▸ E 5)* ein Haus, das erst 2010 der Spitzhacke zum Opfer fällt. Er macht den Sklavenhandel zur Chefsache und zur Haupteinnahme seiner Kolonie. Unterdessen nimmt die Bevölkerung von Neu-Amsterdam zu. Am Ende von Stuyvesants Regierungszeit wohnen 3000 Menschen in einer Siedlung mit 300 Reihenhäusern, Straßen, Kanälen, Windmühlen und Schulen. Das rückständige Hafennest hat sich zur Kleinstadt gemausert.

Inzwischen haben auch die Schweden Kolonien an der Ostküste gegründet, was den Niederländern überhaupt nicht passt. Pieter Stuyvesant zieht mit einer Streitmacht los, um die Skandinavier am Delaware River zu vertreiben bzw. ihre Kolonie Neu-Schweden zu annektieren. Das gelingt auch, allerdings ist zur gleichen Zeit in *Neu-Amsterdam* der Teufel los. Weil eine Indianerin einem weißen Siedler ein paar Pfirsiche gestohlen hatte und dafür erschossen wurde, kommt es zum »Pfirsichkrieg«. 500 Lenape nutzen die Abwesenheit der Stuyvesant-Truppen und greifen an. Sie töten über 100 Siedler und nehmen über 150 gefangen. Erst nach langen Verhandlungen gelingt es dem inzwischen zurückgekehrten Stuyvesant, die Gefangenen freizubekommen und 1658 Frieden mit dem Stamm zu schließen.

STUYVESANT WILL KÄMPFEN, DIE SIEDLER NICHT

Dem bisweilen arg despotischen Gouverneur ist es jedoch nicht vergönnt, die Früchte seiner Arbeit zu genießen. Mittlerweile sind die Briten auf die Nachbar-Kolonie aufmerksam geworden. Für sie ist *Neu-Amsterdam* die fehlende Perle in ihrer immer dichter werdenden Siedlungskette entlang der Ostküste. Im August 1664 laufen vier Kanonenboote im Hafen ein. Obwohl die Eindringlinge in der Übermacht sind, ist Stuyvesant entschlossen, sein Fort bis zum letzten Blutstropfen zu verteidigen. Er klettert auf die Zinnen und bereitet den Kampf vor. »Lieber lasse ich mich töten, als kampflos ins Grab zu sinken«, soll er ausgerufen haben. Dann kommt alles anders. Eine Abordnung seiner Untertanen überreicht dem Gouverneur eine Petition. Sie ist von 93 führenden Händlern, darunter seinem eigenen Sohn, unterzeichnet und beschwört ihn, die Stadt friedlich zu übergeben. Stuyvesant weiß jetzt, dass keiner seiner Leute auch nur einen Finger zur Verteidigung der Stadt krümmen würde.

Was war passiert mit den holländischen Haudegen? Die Antwort ist einfach: New York hatte begonnen, New York zu werden. Unter Stuyvesant hatte sich die Bevölkerungsstruktur dramatisch verändert. Er selbst hatte neben Sklaven auch Arbeitskräfte aus anderen Ländern angeworben. Mitte des 17. Jh. wurden auf den Straßen von *Neu-Amsterdam* 18 Sprachen gesprochen, darunter französisch, deutsch, polnisch und portugiesisch. Als die Briten angriffen, waren die Niederländer zur Minderheit in ihrer eigenen, nunmehr kosmopolitisch zusammengewürfelten Kolonie geworden, der es egal war, unter welcher Flagge sie regiert wurde – Hauptsache, man konnte weiterhin unbehelligt Geld verdienen.

Begleitet von Pauken und Trompeten übergibt Stuyvesant am 27. August 1664 seine Kolonie den Engländern. Zwei Tage später wird aus Neu-Amsterdam offiziell New York, benannt nach dem Herzog von York. Stuyvesant bleibt und zieht sich auf eine Obstfarm im späteren *Greenwich Village (▸ E/F5)* zurück. In seiner Grabkapelle *St. Mark's* **30** *(▸ E5)* findet Jahrhunderte später auch Allen Ginsberg, einer der wichtigsten Dichter der Beat Generation, seine letzte Ruhe.

BROADWAY **6** ▸ *F4*
Von Bowling Green, über Union Square bis Harlem
Morningside Park
Harlem
▶ Subway: 116th Street

ST. MARK'S CHURCH-IN-THE-BOWERY **30** ▸ *E5*
Am Ende der Stuyvesant Street, East Village
▶ Subway: Astor Place

WALL STREET **42** ▸ *B5*
Lower Manhattan
▶ Subway: Wall Street

JOHN D. ROCKEFELLER

1839–1937

Er machte mit Öl das große Geld, wurde zum reichsten Mann der Welt und zum größten Spender. Ohne ihn gäbe es in New York keine Vereinten Nationen – und natürlich auch kein Rockefeller Center.

John D. Rockefeller, der Stammvater der einflussreichen New Yorker Familiendynastie, verkörpert wie kaum ein anderer den amerikanischen Traum vom Erfolg und die Extreme der Industrialisierung. Während deren Hochblüte gründet er in *Cleveland* den Standard Oil Trust und arbeitet sich zum reichsten Mann der Welt empor. Sein Vermögen vermehrt er mit protestantischem Fleiß und gottgefälliger Sparsamkeit. Im Alter mutiert er vom Geizhals zum Wohltäter. Seine Söhne und Enkel setzten sein Erbe fort und machen als Bankiers, Stadtplaner und Politiker Karriere. Die Rockefellers gehen als größte finanzielle Förderer in die Geschichte New Yorks ein. Sie bauen das *Rockefeller Center* 28 *(▸ J4)*, holen die Vereinten Nationen an den East River und prägen das Bild der Stadt entscheidend mit.

Alles beginnt mit dem Goldenen Zeitalter, »The Gilded Age«, wie der Schriftsteller *Mark Twain* diese Zeit nennt. Eine glanzvolle, vergoldete Oberfläche, unter der Massenarmut und Ausbeutung liegen. Ende des 19. Jh. erschließt der Eisenbahnbau das rie-

Der Öl-Milliardär John D. Rockefeller war der reichste Mann der Welt. Das Foto zeigt ihn 1900 bei der Ankunft im Hafen von New York.

sige amerikanische Hinterland. Die Industrialisierung kommt auf Hochtouren, die Wirtschaft boomt. Es ist die Zeit, um Geld zu verdienen. Schier unerschöpfliche Potenziale liegen vor allem in der Öl-, Stahl- und Zuckerindustrie.

John D. Rockefeller, der seine Karriere als Verkäufer in *Cleveland, Ohio,* mit einem Wochenlohn von fünf Dollar startet, erkennt als einer der Ersten die Zeichen der Zeit. Mit eisernem Willen

Das Metropolitan Museum of Art ist die größte Kunstsammlung der USA. Es geht auf eine Stiftung der Rockefellers zurück.

spart er sich genügend Geld zusammen, um gemeinsam mit seinem Bruder eine Ölfirma zu gründen. Der gottesfürchtige Protestant ist fleißig bis zum Umfallen und sparsam bis zum Geiz. Er zählt sogar die Tropfen Öl, die seine Arbeiter zum Löten der Petroliumkanister brauchen. »40 Tropfen Öl? Das ist zu viel!« rügt er und triumphiert, als sich tatsächlich ein Tropfen einsparen lässt. »Das hat uns ein Vermögen gespart! Ein Vermögen!«

So arbeitet sich Rockefeller, dessen Vorfahren aus Deutschland kommen, zum ersten Millionär Amerikas hoch. Ein lebendiger Beweis für die These des Soziologen Max Weber, der in der protestantischen Ethik den Treibstoff des Kapitalismus sieht.

Rockefeller selbst betont: *»Die Gabe, Geld zu machen, ist ein Geschenk Gottes, ein Pfund, mit dem wir wuchern müssen, so gut wir können. Da ich diese Gabe nun einmal habe, ist es meine Pflicht, Geld zu verdienen und noch mehr Geld zu verdienen und*

das Geld zugunsten meines Nächsten zu nutzen, wie es mir mein Gewissen befiehlt.«
Er baut die Standard Oil zu einem undurchsichtigen, weitvernetzten Trust aus und verschafft dem Unternehmen damit eine Monopolstellung. Dies wiederum fordert die »muckrakers« heraus: eine Gruppe investigativer Journalisten, die im Dreck kratzen und die illegalen Verflechtungen aufdecken. Ihre Recherchen tragen dazu bei, dass Standard Oil nach einem langjährigen Gerichtsprozess aufgesplittet wird. Rockefeller erhält so viele Morddrohungen, dass er nur noch mit Leibwächtern in die Kirche gehen kann, um sich Gottes Segen zum weiteren Geldscheffeln abzuholen.

Später besinnt er sich auch auf andere christliche Traditionen und spendet einen großen Anteil seines Vermögens für karitative Einrichtungen. Als der Ölbaron 1937 im hohen Alter von 98 Jahren stirbt, hat er 550 Millionen Dollar (nach damaligem Wert) für gemeinnützige Zwecke ausgegeben und geht damit als größter Wohltäter in die Geschichte Amerikas ein. Heute verwaltet die Rockefeller Foundation in New York ein Stiftungskapital von mehr als zwei Milliarden Dollar.

NEW YORK – DAS MEKKA DER MILLIONÄRE

Die Rockefellers ziehen in den 1880er-Jahren nach New York und bauen sich eine Villa am *Central Park*, die ihre Enkel später dem *Metropolitan Museum* stiften werden. Manhattan wird in den letzten zwei Dekaden des 19. Jh. zum Mekka der Millionäre, sein Sog zieht auch den Stahlmagnaten *Carnegie* an die Ostküste. Bis zum Jahr 1892 lebt gut die Hälfte aller amerikanischen Millionäre am Hudson. Die Stadt ist nicht nur die Wirtschaftsmetropole des Landes, sie bietet auch eine hervorragende Infrastruktur und alle Möglichkeiten, sein Geld rasch zu vermehren und auf angenehme Weise auszugeben.

Die *Fifth Avenue (▸ E4–K4)* blüht auf, die neuen Reichen aus dem Westen bauen eine Luxusvilla neben der anderen und feiern ihre Erfolge mit glamourösen Partys. So begrüßt *Alice Vanderbilt* 1883 mit einer Fackel in der hocherhobenen rechten Hand als »elektrisches Licht« ihre Gäste. Über ihren Ball wird landesweit in den Gesellschaftsspalten berichtet. Drei Jahre später wird die Freiheitsstatue in ähnlicher Siegerpose feierlich enthüllt.

Nach dem Tod von John D. Rockefeller senior übernimmt sein Sohn John D. Rockefeller junior die Geschäfte. Er errichtet in den 30er-Jahren das *Rockefeller Center* **28** *(▸ J4)* – ein spektakuläres Projekt, das alles sprengt, was bisher in Manhattan gebaut wurde. Der gigantische Komplex wird von Anfang an als urbanes Ensemble konzipiert. Verteilt über drei Häuserblocks im Herzen von Midtown, besteht das *Rockefeller Center* aus 14 Bürogebäuden, einer Reihe von Promenaden und Plazas, eleganten Geschäften auf der *Fifth Avenue* und einem Netz aus unterirdischen Tunnels, die zur Subway führen.

Die Eingänge werden von markanten Statuen und Wandgemälden geschmückt. Der übermannshohe, vergoldete Prometheus wird zum neuen Wahrzeichen von New York.

Im Zentrum lädt ein großzügiger Platz zum Verweilen ein: eine moderne Piazza im besten Sinne des europäischen Städtebaus. Flaggen aus allen Ländern der Welt verleihen ihm eine kosmopolitische Weitläufigkeit. Im Sommer genießen hier die New Yorker mitten in der City Ruhe, im Winter drehen Schlittschuhläufer ihre Runden. Seit dem Baubeginn 1931 wird jeden Dezember ein gigantischer Weihnachtsbaum aufgestellt.

Das *Rockefeller Center* verleiht der Stadt ein völlig neues Gesicht. Es ist nicht nur der größte Bürokomplex der Stadt, sondern wird auch zur größten Touristenattraktion. Die New Yorker und ihre Besucher küren es zum eigentlichen Zentrum der

Die Statue des Prometheus vor dem GE Building, dem höchsten Gebäude des Rockefeller Centers.

Metropole – als Symbol der Stärke, des Stils und eines neuen amerikanischen Selbstbewusstseins.

Die amerikanische Schriftstellerin *Gertrude Stein* stellt bei einem Besuch 1937 fest, dass ihr das *Rockefeller Center* von allen Gebäuden New Yorks am besten gefallen habe. Doch nicht alle Besucher sind begeistert, Kritiker sprechen vom »Grabmal des Kapitalismus mit Fenstern«. Dennoch wird der topmoderne Baukomplex zum Symbol von New Yorks neuer Rolle als Headquarter City für amerikanische Konzerne. Selbst in den schlimmsten Jahren der Weltwirtschaftskrise stehen die Büroräume nicht leer.

Im *Rockefeller Center* versammelt sich auch die aufkeimende Kommunikationsindustrie, um von hier aus ihren Einfluss und ihre Reichweite weiter auszubauen. Im RCA Building *(▸ J4)*, bekannt als »Radio City«, sendet der NBC aus 27 Studios Nachrichten, Konzerte und Shows in die amerikanischen Haushalte aus. Auch die Nachrichtenagentur Associated Press und der weltweite Verlagskonzern Time-Life beziehen hier Räume.

»Das Time-Life Building im Rockefeller Center schien mir unglaublich vital ... eines der Filetstücke der New Yorker Party; ein brodelndes Zentrum, das alle Konturen schärfte wie die hellen,

strahlenden Leuchtstoffröhren in den Aufzügen. An der runden Steintheke, dem berühmten Goldfischglas, wo sich die Menschen zum Mittagessen treffen und Touristen den Guides mit offenen Mündern durch die Halle folgten, wurden meine Kräfte durch die perfekt Zentralität, die Herrlichkeit von Midtown Manhattan wieder belebt. Es war unmöglich, sich im Time-Life-Building nicht hervorragend informiert zu fühlen,« schreibt der New Yorker Literaturkritiker *Alfred Kazin.*

Die Hauptattraktion für die New Yorker ist die *Radio City Music Hall* **25** *(‣ J4)*, das größte Kino der Welt. Der Superlativ schlechthin: das größte Foyer der Welt, die größte Leinwand der Welt, die größte Kino-Orgel der Welt und der größte Zuschauerraum der Welt, der 6200 Menschen Platz bietet. Auf der Bühne dreht seither die berühmte Tanzgruppe Rockettes ihre präzisen Pirouetten – bis heute ein Highlight der Wintersaison.

ROCKEFELLER JR. VERSCHENKT EINE KIRCHE

John D. Rockefeller jr. stiftet der Stadt die überkonfessionelle *Riverside Church*, die der Kathedrale von Chartres nachempfunden und auf der höchsten Stelle Manhattans gebaut ist. Ihr berühmtes Glockenspiel, natürlich das größte der Welt, widmet er seiner Mutter *Laura Spelman-Rockefeller*. In der mit prächtigen neugotischen Skulpturen geschmückten Kirche kommen weltliche Friedens- und Freiheitskämpfer wie Martin Luther King und Nelson Mandela zu Wort. Außerdem unterstützt die *Riverside Church* Obdachlose und Bedürftige.

Mitte der 50er-Jahre übernehmen Johns Söhne *Nelson* und sein jüngerer Bruder *David* das Familienunternehmen. Während sich David um die Chase Bank, eines der mächtigsten Geldinstitute der Welt, und um die *Wall Street* **42** *(‣ B5)* kümmert, strebte Nelson eine Karriere als Politiker an und avancierte schon 1940 zum außenpolitischen Berater von Präsident Roosevelt. Dessen großer Traum war es, die gerade erst gegründete Weltorganisation der United Nations nach New York zu holen.

Nelson setzt alles daran, dieses ehrgeizige Vorhaben umzusetzen. Als das Projekt wegen der immensen New Yorker Grundstückspreise vor dem Scheitern steht, überredet Nelson zusammen mit seinem Bruder David seinen Vater John, der UN 8,5 Millionen Dollar für den Grundstückskauf am East River zu stiften. So bezieht die UN doch noch ihr Hauptquartier **41** *(▸ J5/6)* am Hudson.

Mit demselben Eifer setzt sich Nelson Rockefeller auch für die Kultur ein. Er vermacht dem *Metropolitan Museum of Art* das Haus seines Großvaters. Damit hilft er der Stadt, ihr neues Image als führendes Kulturzentrum der westlichen Welt zu etablieren und Paris den Rang abzulaufen. Heute ist dort der Skulpturengarten des Museums untergebracht.

METROPOLITAN MUSEUM OF ART
1000 Fifth Avenue/82nd Street, Upper East Side
www.metmuseum.org
▶ Subway: 86th Street

RIVERSIDE CHURCH
490 Riverside Drive, Upper West Side
▶ Subway: 116th Street, Columbia University

ROCKEFELLER CENTER **28** ▸ *J4*
10 Rockefeller Plaza, Midtown
www.rockefellercenter.com
▶ Subway: 47–50th Street, Rockefeller Center

UNITED NATIONS HEADQUARTER **41** ▸ *J5/6*
1st/46th Avenue, Midtown
▶ Subway: Grand Central Station, 42nd Street

LUCKY LUCIANO

1897–1962

Er kam mit seiner Familie aus Sizilien und wurde in New York einer der berüchtigsten Mafiosi Amerikas. Doch er starb nicht im Kugelhagel, sondern an einem Herzinfarkt am Flughafen von Neapel.

Der alte Mann könnte, wie er da an der Theke lehnt, die Hände in den Hosentaschen, die Schirmmütze ins Gesicht gezogen und mit schiefem Blick die süßen Nonnenbrüstchen betrachtend, ebenso gut auf einer süditalienischen Piazza auf seinen Espresso warten. Doch der Alte steht nicht in Palermo am Tresen, sondern in einem Café an der Lower East Side in New York City. In der Kuchenvitrine wölben sich in weibliche Rundungen gegossene Marzipankuchen. Tony, der Konditormeister, bringt gerade ein Blech mit ofenfrischem Gebäck aus der Küche. Er heißt eigentlich Antonio und ist in Kolumbien und Venezuela aufgewachsen. Tony versteht sich gut mit seinem italienischen Boss, der den Familienbetrieb nun schon in der dritten Generation führt.

Der alte Mann hat seinen Espresso inzwischen ausgetrunken. Auch er heißt Antonio, nennt sich aber Anthony. Er ist als Kind mit seinen Eltern nach Amerika eingewandert, aus Süditalien. An diesem späten Sonntagvormittag ist er der einzige Kunde im Café.

Ein frühes Foto des New Yorker Mafiabosses Lucky Luciano. Sein Gesicht ist gezeichnet von einer Pockenerkrankung in der Jugend.

Da nuschelt er unvermittelt: »*Lucky Luciano war oft hier. Das hat mir mein Onkel erzählt. Der war Luciano sehr dankbar, weil der ihm einen Job in dem Friseurgeschäft nebenan vermittelt hat.*«

Lucky Luciano – dieser Name hat bei den älteren Einwohnern der Gegend einen Ruf wie Donnerhall, gehörte der pockennarbige Mobster doch in den 30er- und 40er-Jahren des vergangenen Jahrhunderts zu den einflussreichsten Mafiosi der Stadt. Die heu-

Das Café De Robertis Pasticceria im East Village. Hier traf sich Lucky Luciano zuweilen mit Mafia-»Kollegen« wie Meyer Lansky.

te völlig ehrenwerte *De Robertis Pasticceria* 13 *(▸ E5)* war damals auch eines der Hauptquartiere der nur so genannten »Ehrenwerten Gesellschaft«. In dem italienischen Café traf sich Luciano oft mit seinem Freund *Meyer Lansky*, einem ebenfalls aus dem Viertel stammenden, jüdischen Mobster.

Charles »Lucky« Luciano wird am 24. November 1897 als Salvatore Lucania in der Nähe der Mafia-Hochburg *Corleone* auf der Insel *Sizilien* geboren. 1906, zwei Jahre nachdem der aus Apulien stammende Einwanderer Paolo De Robertis in der First Avenue seine Bäckerei eröffnet hat, emigriert die Familie Lucania nach New York. Bei der Ankunft in *Ellis Island* unterziehen die amerikanischen Einwanderungsbehörden alle Emigranten einer strengen Gesundheitsprüfung. Bei dem zehnjährigen Salvatore diagnostizieren die Ärzte Pocken. Die Narben werden den Jungen für den Rest seines Lebens kennzeichnen.

Die Familie Lucania – später nennt sie sich Luciano – lässt sich im Einwanderungsviertel *East Village (▸ E6)* nieder, demselben Viertel, in dem neben den De Robertis viele ostjüdische Emigranten leben. Die Lucanias sind arm, ihre Wohnung ist bescheiden. Im Flur hängt Vater *Antonio* jedes Jahr einen Kalender aus der Heimat an die Wand. Er stammt von der Schifffahrtsgesellschaft, mit der die Familie nach New York emigriert ist. Eine Erinnerung an Italien, so kostbar, dass sich die Mutter jedes Mal bekreuzigt, wenn sie daran vorbeigeht. Seinen Vater beschreibt Lucky Luciano rückblickend als Trinker: *»Manchmal hatten wir nichts zu essen, weil mein Vater jeden Cent, den er in die Finger bekam, in Alkohol investierte. Die Flaschen versteckte er unter dem Bett.«*

Lucky Lucianos kriminelle Karriere fängt bald nach seiner Ankunft in New York an. Schon als Zwölfjähriger treibt er sich mehr auf der Straße als zu Hause herum, beklaut Emigranten und erpresst von anderen Schülern Schutzgeld. Mit 14 Jahren beschafft er sich seinen ersten Revolver. Als sein Vater das mitbekommt, reißt der Sohn von zu Hause aus. Er übernachtet in zwielichtigen Spelunken und leerstehenden Wohnungen und schleicht sich nur ab und zu an den heimischen Herd zurück, um sich mit Mammas Spaghetti den Magen zu füllen.

EIN KLEINKRIMINELLER WIRD ZUM MAFIOSO

Für kurze Zeit arbeitet er in einer Fabrik, um rasch festzustellen, dass das »mühsame Verdienen von Brotkrümeln« nicht seine Sache ist. Lukrativer erscheint ihm der Rauschgifthandel, deshalb sucht er den Kontakt zu den Opiumgangs von *Chinatown*, wird selbst drogenabhängig und zum Dealer. Statt Salvatore Lucania nennt er sich jetzt Charlie Luciano.

1916 erwischt ihn die Polizei mit Heroin, Charlie Luciano muss für ein halbes Jahr hinter Gitter. Danach macht er sich mit illegalen Glückspielen und Alkoholschmuggel einen Namen in der lokalen Unterwelt. Es ist die Zeit der Prohibition und Alkohol ist strikt verboten. Weil er die Namen seiner Kunden und Lieferanten vor der Polizei geheim hält, verschafft er sich Achtung in Gangsterkreisen. Er schließt sich mit seinem Freund und späteren Nachfolger *Frank Costello* der »Five Points Gang« an und wird 1922 Mitglied der Mafia. Deren unterschiedliche Clans sind in einen blutigen Krieg verstrickt. Charlie, der mit dem Capo der jüdischen Kosher Nostra, Meyer Lansky, befreundet ist, kassiert Schmiergelder von Olivenöl-Importeuren und arbeitet sich in den »inner circle« von Mafiaboss *Giuseppe Masseria* vor. Was ihn nach guter Gangstertradition jedoch nicht davon abhalten wird, seinen Chef später umlegen zu lassen oder zumindest bei dessen Ermordung demonstrativ wegzuschauen.

Schon bald kann Luciano ein respektables Polizeiregister vorweisen, das von Fahren ohne Führerschein bis zu Zuhälterei und Mädchenhandel reicht. Aber irgendwie hat er immer Glück, beim illegalen Glücks- oder beim Versteckspiel mit der Polizei, was ihm den Spitznamen »Lucky« einträgt. Am 29. Oktober 1929 erbringt er den ultimativen Beweis für seinen Spitznamen: Als ihn drei Männer im Auftrag eines Konkurrenten zusammenschlagen, niederstechen und schwer verletzt an einen Balken gefesselt in einem verlassenen Lagerhaus auf *Staten Island* zurücklassen, kann er sich wie durch ein Wunder retten. Lucky Luciano!

Fünf italienische Mobster-Familien teilten sich in den Dreißigern die Lower East Side: die Genovese mit Lucky Luciano als Boss, die Gambinos, die Bonannos, die Lucchese und die Colombo. Immer wieder kommt es zu Kämpfen um die Vorherrschaft, zu wechselnden Allianzen und heimtückischen Anschlägen. Doch Luciano kann sich schließlich als »Capo di tutti capi«, als Boss aller Bosse, behaupten. Das Hinterzimmer von *De Robertis Pasticceria* **13**

Das Restaurant Umberto's Clam House in Little Italy wurde häufig von Mafiosi frequentiert. 1972 wurde hier Joey Gallo erschossen.

(▸ *E5*), das mit seinen Kacheln und Mosaiken noch heute so aussieht wie damals, dient ihm als Hauptquartier. Er hat jetzt so gute Beziehungen zur Polizei, dass er nicht mehr ins Gefängnis muss.

Das ändert sich erst unter Bürgermeister *Fiorello LaGuardia*, der 1933 als einer der Nachfolger des berüchtigten, korrupten *Jimmy Walker* antritt und dem organisierten Verbrechen den Kampf ansagt. Lucky Luciano kommt 1936 vor Gericht und wird in einem aufsehenerregenden Verfahren zu 30 Jahren Haft verurteilt. Doch dann kommt ihm – Ironie der Geschichte – der Eintritt der Amerikaner in den Zweiten Weltkrieg zu Hilfe. Nach einigen Zwischenfällen mit havarierten, amerikanischen Booten und Truppentransportern nimmt die US-Marine Kontakt zu Luciano auf, um über dessen immer noch aktive Untergrundverbindungen amerikanische Militäraktionen zu unterstützen und deutsche Spionageakte zu sabotieren. Zwar sitzt Luciano noch im

Gefängnis, verfügt aber von seiner Zelle aus immer noch über ein breit gespanntes Netzwerk, das auch die Hafenarbeiter und ihre Gewerkschaften umfasst.

Eine offizielle US-Untersuchung bestätigt nach dem Ende des Zweiten Weltkriegs Lucianos Zusammenarbeit mit dem Militär. 1946, nach nur zehn Jahren Haft, wird er vorzeitig aus der Haft entlassen, unter der Auflage, die USA zu verlassen. Am 8. Februar bricht er mit einem Schiff vom New Yorker Hafen in Richtung *Italien* auf. Er hält sich eine Weile in *Kuba* auf, das noch vom amerikafreundlichen *Fulgencio Batista* regiert wird. Der an Kasinogeschäften mit der Mafia beteiligte Diktator, den Fidel Castro kurz darauf stürzen wird, hat inzwischen Lucianos jüdischen Mafia-Freund Meyer Lansky zu seinem Berater ernannt.

PLÖTZLICHER TOD AM AIRPORT VON NEAPEL

Luciano kehrt, nachdem er in *Kuba* zur unerwünschten Person erklärt wird, schließlich nach *Italien* zurück, wo er Mafia-Geschäft und Drogenhandel im großen Stil organisiert. Er stirbt am 26. Januar 1962 auf dem Flughafen von *Neapel* an einem Herzinfarkt, als er auf die Ankunft seines Biographen wartet. Als Leiche darf er in die USA zurückkehren. Lucky Luciano wird auf dem *St. John's Cemetery* in Queens beerdigt. Kurze Zeit später, als bereits die ersten Drehbücher kursieren, um Lucianos legendenreiches Leben auf Zelluloid zu bannen, titelt der Calgary Herald: »Luciano-Darsteller von Mafia bedroht«.

Nicht nur an der Lower East Side, die bis in die 90er-Jahre eine Hochburg des organisierten Verbrechens bleibt, auch im mittlerweile geschrumpften *Little Italy* weiter südlich finden sich noch Spuren von Lucky Luciano und seinen Mafia-Genossen. Eine von ihnen führt zu *Umberto's Clam House* **39** *(**▸ C/D 5)*. Das kleine Restaurant liegt in der *Mulberry Street*, eine der wenigen Straßen, in der das alte Flair noch lebendig ist. Heute reihen sich hier italienische Restaurants, Pizzerien und Eisstände aneinander. In einem Gebäude an der Ecke *Grand Street* ist ein kleines *Italian American Museum* **16** *(▸ C/D5)* eingerichtet. In *Umberto's Clam House* wurde 1972 Mafiaboss *Joey Gallo* erschossen. 40 Jahre später wird hier noch immer italienisch gekocht. Weil die Konkurrenz groß ist, wirbt einer der Kellner auf der Straße um Kundschaft. Sein Charme lockt tatsächlich einige Passanten herein.

Gleich gegenüber steht das *Mela* **26** *(▸ D5)*, ein weiteres italienisches Lokal, dessen Wände mit den Fotos von Mafiabossen und ihren Darstellern tapeziert sind. Unter ihnen hängt auch eine vergilbte Schwarz-Weiß-Aufnahme, die einen verschlagen dreinblickenden, pockennarbigen Lucky Luciano mit Hut und Anzug zeigt. Ein echtes Ganovenbild, so richtig schön zum Gruseln bei Pasta und Pomodore. Buon appetito!

DE ROBERTIS PASTICCERIA **13** ▸ *E5*
176 First Avenue, zwischen 10th Street und 11th Street, East Village
www.derobertiscaffe.com
▶ Subway: First Avenue

ITALIAN AMERICAN MUSEUM **16** ▸ *C/D5*
Ecke Grand & Mulberry Street. Little Italy
www.italianamericanmuseum.org
▶ Subway: Canal Street

RESTAURANT MELA **26** ▸ *D5*
167 Mulberry Street, Little Italy
www.lamelarestaurant.com
▶ Subway: Canal Street

UMBERTO'S CLAM HOUSE **39** ▸ *C/D5*
132 Mulberry Street, Little Italy
www.umbertosclamhouse.com
▶ Subway: Canal Street

GEORGE GERSHWIN

1898–1937

Der Sohn jüdischer Einwanderer aus Russland führt europäische Klassik und amerikanischen Jazz auf Augenhöhe zusammen und kreiert damit einen neuen mitreißenden Typus von Musik.

Es ist stickig in der *Aeolian-Konzerthalle*. Die Lüftung ist ausgefallen und einige Zuhörer kämpfen bereits mit dem Schlaf. Nur einer ist so aufgeregt, dass ihm sein eigener Herzschlag wie ein Trommelwirbel in den Ohren klingt: George Gershwin. Gleich ist er dran. Wird es dem jungen Komponisten gelingen, das Publikum noch einmal wachzurütteln? Und wie wird das Orchester mit einer Komposition zurechtkommen, die unter einem solchen Zeitdruck entstanden ist? Einem Stück, das nicht einmal richtig geprobt werden konnte, weil es erst in letzter Minute fertig geworden ist?

Der New Yorker Musiker George Gershwin ist 25 Jahre alt, als ihn *Paul Whiteman*, der musikalische Leiter der renommierten *Aeolian Hall* darum bittet, für einen ganz besonderen Konzertabend ein Stück zu schreiben. Gershwin, der gerade ein Broadway-Musical komponiert, lehnt den Auftrag aus Termingründen zunächst ab. Doch Whitemans Programm »Ein Experiment in moderner Musik« klingt so vielversprechend und spannend, dass

Ein junger New Yorker, der mit der »Rhapsody in Blue« Amerika einen neuen Sound bescherte: George Gershwin im Jahr 1935.

die Feuilletons der großen New Yorker Zeitungen den 12. Februar 1924 schon vier Wochen vorher erwartungsvoll ankündigen.

George Gershwin ist kein Mann, der Herausforderungen aus dem Weg geht. Im Gegenteil. Schon als Kind hat er seine Kräfte gern ausgetobt und mit 16 Jahren ist er als jüngster »Song Plugger« der Musikgeschichte über den *Broadway* **6** *(▸ F4)* gezogen. Er kennt sich aus mit dem Vorspielen. Und auch mit dem Komponie-

Nach seiner Uraufführung 1935 wird »Porgy and Bess« derzeit wieder am Broadway aufgeführt: im Richard Rodgers Theatre.

ren hat er schon Erfahrungen gesammelt und bereits einige erfolgreiche Songs geschrieben. So lässt er sich von Whiteman doch noch überreden und macht sich mit Hochdruck an die Arbeit.

George Gershwin wird am 26. September 1898 als Sohn osteuropäischer Einwanderer in *Brooklyn* *(▸ A/B 6/7)* geboren. Beide Eltern kommen aus *St. Petersburg*. Gershwins Mutter *Rose Bruskin* ist die Tochter eines reichen russischen Pelzhändlers, auch die Familie seines Vaters *Morris Gershovitz* ist wirtschaftlich gut situiert. Antisemitische Pogrome in Osteuropa haben sie wie viele andere zur Flucht gezwungen. Zwei Millionen Juden wandern zwischen 1880 und 1924 nach New York aus. Wie fast alle fremdsprachigen Emigranten ändert auch Morris Gershovitz in der neuen Heimat seinen Namen.

Die Gershwins lassen sich zunächst in *Brooklyn* nieder, ziehen später aber häufig um, weil Morris eine Restaurant-Kette eröffnet und stets in der Nähe seines Arbeitsplatzes wohnen will. Als weltlich orientierte Juden sind sie frei von orthodoxen Glaubensregeln und passen sich rasch an den amerikanischen Lebensstil an. Als erstes Kind kommt Sohn *Ira* zur Welt, der später eng mit dem jüngeren George zusammenarbeiten wird.

Beide Brüder sind grundverschieden. Während sich der ruhige Ira in seinen Büchern vergräbt, tobt sich der temperamentvolle George beim Hockey oder Rollschuhfahren aus. In der Schule macht er sich und seinen Lehrern durch undiszipliniertes Verhalten das Leben schwer. Dennoch ist es George, dieser eigenwillige kleine »Schmock«, und nicht der sanftmütige Ira, der schon im zarten Alter von zehn Jahren seine prägende musische Erfahrung macht. Auf dem Schulhof, wo er mit Freunden Ball spielt, hört er eines Tages die Klänge einer Violine. Eine Musik, die ihm durch und durch geht. Ein Junge spielt hinter einem offenen Fenster die Humoreske von Antonín Dvořák. Der achtjährige *Maxie Rosenzweig (Max Rosen)*, der später als Violinist bekannt wird, gilt schon damals als Wunderkind.

ER LERNT AUF DEM KLAVIER DES BRUDERS

George ist so beeindruckt, dass er die Adresse des kleinen Geigenspielers ausfindig macht und ihn zu Hause besucht. Die beiden werden Freunde. Maxie lässt den zwei Jahre älteren George auf seinem Klavier spielen und eröffnet ihm den Zugang zur klassischen Musik. Zwei Jahre später kauft Rose Gershwin für ihren ältesten Sohn Ira ein Klavier. Doch der verliert rasch das Interessen am Üben und überlässt seinem Bruder das Instrument. George nimmt Klavierstunden und macht so gute Fortschritte, dass der Pianist *Charles Hambitzer* auf ihn aufmerksam wird. Der erfahrene Lehrer erkennt sehr schnell das Potenzial des Jungen und macht ihn nicht nur ihn mit den Klassikern Bach, Beethoven, Liszt und

Chopin, sondern auch mit modernen Komponisten wie Ravel und Debussy vertraut.

Zu Hause in der Familie spielt die resolute Rose die erste Geige. Als Prototyp einer jüdischen Mutter, die für ihre Kinder nur das Beste will, besteht sie darauf, dass George eine solide Ausbildung an einer Handelsschule abschließt. Dieser lässt dennoch keine Gelegenheit aus, Musik zu hören, er geht in Klassik-Konzerte, besucht die Jazzclubs in *Harlem* und die Revuen am *Broadway (▸ F 4)*. Mit 16 Jahren schmeißt er die Schule und heuert in der *Tin Pan Alley* an. In der so genannten Blechpfannen-Allee auf der *28th Street* residieren Anfang des 20. Jh. die Musikverlage, die die Songs für den *Broadway* vertreiben. Den Namen prägt ein Journalist des »New York Herald«, der einen Artikel über die New Yorker Musikszene verfasst und nach einer Darbietung auf einem blechernen Klavier süffisant verbreitet, die Melodien hätten wie das Klappern von Blechpfannen geklungen.

Auch George Gershwin macht jetzt also Bratpfannen-Musik. Er arbeitet als »Song Plugger« bei einem Musikverlag und spielt die Noten seines Verlags nicht nur auf der *28th Street* vor, sondern klappert auch die Theater, Restaurants und Hotels auf dem *Broadway* ab. Der alte Indianerpfad, Dreh- und Angelpunkt der Theater- und Musicalszene, verläuft quer durch die Halbinsel Manhattan. Gershwin will den dort auftretenden Musikern die Songbücher seines Verlags schmackhaft machen und lernt dabei berühmte Kollegen wie *Irving Caesar, Fred Astaire, Irving Berlin* und *Jerome Kern* kennen.

Nebenbei bildet er sich in Harmonie- und Kompositionslehre weiter. Nach zwei Jahren hat er genug vom Vorspielen fremder Songs und kündigt, um selbst zu komponieren. Die Texte zu seinen Melodien schreibt sein literarisch interessierter Bruder Ira, der schon in der Schule gern gedichtet hat. Ihr erstes gemeinsames

George Gershwin am Klavier mit Ferde Grofé, Samuel Roxy Rothafel und Paul Whiteman um 1930 im Roxy Theatre.

Musical »Lady, Be Good!« mit Fred und *Adele Astaire* in den Hauptrollen wird ein Riesenerfolg. Mitte der 20er-Jahren sind die Gershwin-Brüder auf dem besten Weg, zum führenden Songwriter-Gespann der amerikanischen Unterhaltungsindustrie zu werden.

Die Stimmung in der *Aeolian Hall* ist mittlerweile noch trüber geworden. Zwei Dutzend Aufführungen haben sich die Konzertgäste inzwischen angehört. Die Zuhörer, darunter die beiden russischen Komponisten *Sergej Rachmaninow* und *Igor Strawinski*, sind gelangweilt und enttäuscht. Unruhe macht sich breit. Und nun ist George Gershwin an der Reihe, um das vorletzte Stück vorzutragen. Er gibt sich einen Ruck, betritt die Bühne und setzt sich ans Klavier. Als der Klarinettist mit einem aufheulenden Glissando das Leitmotiv der Symphonie eröffnet, spürt er, wie die Spannung im Publikum wieder steigt. Er atmet tief durch, dann improvisiert er drauf los, lässt sich davontragen vom jazzigen Rhythmus seiner »Rhapsody in Blue«.

»Irgendwann in der Mitte der Aufführung habe ich angefangen zu weinen, als ich wieder zu mir kam, waren wir bereits zehn Notenblätter weiter. Ich kann mich bis heute nicht daran erinnern, was ich in der Zwischenzeit getan habe«, sagt George Gershwin über

diesen legendären Abend, Kaum ist der letzte Ton verklungen, da springen die Zuhörer auf. Der ansteckende Rhythmus und die beschwingte Leichtigkeit haben sie schlagartig aus ihrer Lethargie gerissen. Der Abend ist gerettet, das Experiment, Klassik und Jazz auf Augenhöhe miteinander zu verbinden, ist geglückt. Damit ist ein neuer Musikstil entstanden, der aus dem Schatten der europäischen Klassik herausgetreten ist – und George Gershwin wird zu dessen Leitfigur.

SEINE MUSIK IST AMERIKA, WIE ES LEIBT UND LEBT

Am Tag nach der Aufführung rühmt die »New York Times« das »außergewöhnliche Talent« des jungen Komponisten, der mit dieser »höchst originellen Komposition« einen »eigenen, signifikanten Stil« erkennen lasse. Die »Rhapsody in Blue«, diese uramerikanische Jazz-Symphonie, wird bald darauf auch in den großen Konzertsälen von Paris, London, Brüssel und Monte Carlo gespielt und bleibt bis heute ein Publikumsmagnet. Der New Yorker Dirigent *Leonard Bernstein*, der die Symphonie viele Jahre später mit den *New Yorker Philharmonikern* aufführt, charakterisiert sie treffend: *»Das ist Amerika, wie es leibt und lebt. Seine Menschen, sein Großstadtleben, das George so gut kannte, sein Lebensstil, seine Sehnsüchte, seine Stärke, seine Größe.«* Eine ganz besondere Hommage wird der »Rhapsody in Blue« ein halbes Jahrhundert später von *Woody Allen* zuteil. Der prominente New Yorker Autor, Schauspieler und Regisseur, der selbst ein leidenschaftlicher Jazz-Fan und Klarinettist ist, leitet mit ihr seinen großartigen Schwarz-Weiß-Klassiker »Manhattan« ein.

Nach der »Rhapsody in Blue« schreibt Gershwin ein »Klavierkonzert in F-Dur« für die New Yorker Symphonische Gesellschaft und eine »Zweite Rhapsodie« für Klavier und Orchester. Zusammen mit Ira bringt er 1931 mit »Of Thee I Sing« heraus, die erste Musikkomödie, die einen Pulitzerpreis gewinnt. Andere Werke der Gershwin-Brüder, die auf der Beliebtheitsskala ganz oben stehen, sind »An American in Paris« (1928) und die Folk-Oper »Porgy and Bess« (1935). Sie wird 1959 mit Louis Armstrong und Ella Fitzgerald erfolgreich verfilmt.

1937 ist George Gershwin auf dem Höhepunkt seines Schaffens angelangt. Seine symphonischen Werke haben in das Standardrepertoire der internationalen Konzertsäle Eingang gefunden, seine Broadway-Songs verschaffen ihm immer größeren Ruhm. Doch seine Karriere endet abrupt. Im Juli bricht er in Kalifornien bei der Arbeit zusammen und stirbt kurz darauf im Alter von nur 38 Jahren an einem Gehirntumor.

Gershwins Musik lebt weiter. Die Evergreens »Summertime« und »I Got Plenty o'Nuttin« aus »Porgy and Bess« werden von Stars wie Barbra Streisand, Billy Steward und Janis Joplin interpretiert. Die Folk-Oper wird heute noch am *Richard Rodgers Theatre* **27** *(▸ J 3)* am Broadway aufgeführt. In New York gibt es zwei Gershwin Theater, eines am *Broadway* **15** *(▸ J 3)* und eines in Brooklyn.

GERSHWIN THEATRE BROADWAY **15** ▸ *J 3*
222 West 51st Street, Midtown
www.gershwin-theater.com
▶ Subway: 50th Street, Eight Avenue; 50th Street, Broadway

GERSHWIN THEATRE BROOKLYN
Brooklyn College, Department of Theater, 2900 Bedford Avenue, Brooklyn
www.gershwin-theater.com
▶ Subway: Flatbush Avenue, Brooklyn College

RICHARD RODGERS THEATRE **27** ▸ *J 3*
226 West 46th Street, Midtown
www.richardrodgerstheatre.com
▶ Subway: Times Square

LOUIS ARMSTRONG

1901–1971

Er lebte bis zu seinem Tod in Queens und gewann die Herzen der Menschen mit seiner hinreißenden Jazztrompete und seinem tiefen, rauen und unnachahmlichen Sprechgesang – dem Scat.

Sein jüngster Fan reicht ihm gerade bis zum Knie. Ein schmächtiger Knirps aus New Orleans, der mit kindlicher Begeisterung eine wackelige Stepptanznummer auf die schwankenden Schiffsplanken hinlegt und danach mit Hut und roten Backen die Runde macht. Ein kleiner, blonder Südstaaten-Steppke, der im Laufe eines unvergesslichen Kindheitssommers »reich und eitel« wird und furchtbar stolz ist, dass ihn der große »Satchmo« in seiner Show auftreten lässt: *»And now, Ladies und Gentlemen, darf ich Ihnen einen von Amerikas nettesten Jungs vorstellen. Er wird Ihnen jetzt zeigen, was er alles schon so drauf hat.«* Dann, nachdem ein sattes »oh yeahhh« und ein volltönendes Lachen durch den Tanzsaal des Mississippi-Dampfers gekugelt ist, darf der kleine *Truman Capote* lossteppen.

»Der große Satchmo hat es sicher längst vergessen, dennoch, er war einer meiner allerbesten Freunde. Ich begegnete ihm mit vier Jahren, also um 1928 herum, und er, ein kompakter brauner Buddha mit notorisch guter Laune, spielte auf einem Vergnügungsdampfer,

Man nannte ihn Satchmo, von »such a big mouth« oder »satchel mouth« (»Taschenmund«): Louis Armstrong um 1970.

der zwischen New Orleans und St. Louis verkehrte«, schreibt Capote, als er längst als gefeierter Schriftsteller in New York lebt und die High Society aufmischt. *»Für mich gehörte der liebliche Zorn seiner Trompete, dieser französisch-quakige Überschwang seiner Come-to-me-Baby-Sprüche zur Kindheit wie die Madeleines zur Verlorenen Zeit eines Proust. Hier geht mir der alte Mississippi-Mond auf und ich sehe die schmutzigen Lichter der Städte am Ufer, höre wieder die*

Der Meister und seine gelehrigen Schüler: Louis Armstrong übt mit Nachbarskindern das Trompetenspiel.

Nebelhörner, dieses Gähnen aus Alligatorrachen, höre das Rauschen dieses Mulattenstroms und auch immer – Stomp! Stomp! – dieses grinsenden Buddhas, der mit dem Absatz den Takt vorgibt, während er »Sunny Side of the Street« schmettert und die Flitterwöchner in dem salonartigen Ballsaal mit verschwitzten Pudergesichtern und zu Schwarzgebranntem im Blut einen »Bunny Hug« aufs Parkett legen.«

Der große Louis hat ein großes Herz für Kinder. Leider wird er selbst keine bekommen. Dafür wird der »kompakte, braune Buddha« später den Jungs aus der Nachbarschaft auf der Treppe seines Hauses in Queens Musikunterricht geben. Auf den Postkarten, die man im *Louis Armstrong Museum* in Queens kaufen kann, sieht man jedenfalls lauter junge – oder junggebliebene –, glückliche Gesichter in die Kamera strahlen.

Es ist nicht ganz einfach, Louis Armstrongs einstiges Wohnhaus im größten Stadtteil von New York zu finden. Viele Passanten reagieren erstaunt. »*Louis Armstrong hat hier in Queens gewohnt? Tatsächlich? Wow, das ist ja toll! Da muss ich unbedingt mal hin!*« Doch die wenigsten wissen, wie man dort hingelangt. Erst der Postbote kann den Weg weisen. »*Geradeaus, da vorne rechts und gleich danach auf der linken Straßenseite*«, sagt er und fügt hinzu: »*Ich habe als Kind oft auf der Veranda gesessen und gehofft, dass Louis Armstrong vorbeikommt. Leider tat er das nie, vermutlich war er schon zu alt und krank, um aus dem Haus zu gehen.*« Schade, dass dem jungen Fan damals niemand gesagt hat, dass man den großen Louis Armstrong zu Hause besuchen kann. Vielleicht hätte es den Musiker ja aufgeheitert, damals Anfang 1970, als Satchmo bereits auf einen Treppenlift angewiesen war. Als er, der so viele Menschen glücklich gemacht hat, unter seiner angegriffenen Gesundheit und einer milden Altersdepression leidet.

EIN HOLZHAUS IN QUEENS IST SATCHMOS DOMIZIL

Das *Louis Armstrong Haus* in Queens ist eine der anrührendsten Stationen einer New York-Reise, die den Spuren ihrer berühmtesten Bewohner folgt. Es liegt in Corona, einem Mittelklasseviertel von Queens, dem größten Borough von New York. Die ruhige und grüne Wohngegend unterscheidet sich deutlich von Manhattan und Brooklyn. In den Straßen stehen, ähnlich wie in den Kleinstädten des Südens, pastellfarbene Häuser mit Holzverandas. Damals wohnte hier die schwarze »Middle Class«, inzwischen sind Immigranten aus Lateinamerika nachgerückt. Heute ist der Weg von der Subway-Station gesäumt mit Billigläden.

Der große Satchmo – »such a big mouth« – kommt aus einer bettelarmen Familie in *New Orleans* und hat als Kind noch nicht mal ein eigenes Paar Schuhe. Er wächst bei seiner Mutter auf und muss als Siebenjähriger mit dem Austragen von Zeitungen zum

Lebensunterhalt beitragen. Als er als Jugendlicher in einer Silvesternacht mit der Pistole seines Onkels in die Luft ballert, kommt er in ein Erziehungsheim, wo er immerhin Kornett spielen lernt. Kein Wunder, dass sich der Musiker fast 40 Jahre später, als er mit seiner zweiten Frau *Lucille* in das hübsche Einfamilienhaus nach *Queens* zieht, glücklich und am Ziel seiner Träume fühlt. Endlich fühlt er sich angekommen!

Armstrongs genauer Geburtstermin lag lange im Dunkeln. Der offizielle Taufschein ist auf den 4. August 1901 datiert, doch Louis und seine Mutter haben den Tag auf den 4. Juli 1900 vorverlegt. Als sie damals in den Wehen gelegen sei, so überlieferte die Mutter dem Sohn, da habe sie die Salutschüsse zur Feier des amerikanischen Unabhängigkeitstages hören können. Vermutlich, hält der Guide des *Armstrong Museums* dagegen, seien es aber ganz andere – weniger erfreuliche – Schüsse gewesen, die sich in ihre Erinnerung eingeprägt hatten.

Falsche Datierungen sind damals in den Südstaaten nicht ungewöhnlich. Die Mehrheit der ehemaligen Plantagenarbeiter hat keine Schulausbildung, viele Kinder müssen wie Louis Geld verdienen und lernen weder richtig lesen noch schreiben. Zudem gebären die meisten Frauen ihre Babys zu Hause und geben später fiktive Daten an, die sie der Einfachheit halber – oder um ihre gesellschaftliche Zugehörigkeit zu demonstrieren – auf offizielle Termine legen. Möglicherweise hat sich Louis auch ein Jahr älter gemacht, um als junger Musiker Zutritt zu den Nachtclubs von Storyville, dem Rotlichtviertel von New Orleans, zu bekommen.

Als der Jazztrompeter mit seiner zweiten Frau Lucille 1943 nach *Queens* zieht, ist er bereits eine Musik-Legende. Er gibt auf der ganzen Welt Konzerte und hat es als erster Schwarzer sogar auf das Titelblatt des renommierten People-Magazins »Vanity Fair« geschafft. Als Botschafter Amerikas tritt der sympathische

Das berühmte Badezimmer mit vergoldeten Wasserhähnen im Louis-Armstrong-Haus in Queens.

Louis während des Kalten Krieges in *China* und in der *Sowjetunion* auf und spielt sogar im kriegsgebeutelten *Belgisch-Kongo*. Seine Musikaufnahmen wie »Mack the Knife« aus der Dreigroschenoper, »St. Louis Blues«, »C'est si bon«, »Hello Dolly« und »What a Wonderful World« werden Hits, die Hollywoodfilme, in denen er mitspielt, Kassenschlager. Er könnte sich locker eine repräsentativere Wohnung leisten, was seine Frau Lucille, die aus der Mittelschicht kommt, befürworten würde, doch ihm gefällt es hier. Also konzentriert sich Lucille, die als erste Schwarze im *Cotton Club* von Harlem tanzt, ganz auf den Um- und Ausbau ihres neuen Heims. Sie verkleidet die Wände mit eleganter cremefarbener Tapete und tapeziert sogar das Innere der Wandschränke. Sie engagiert eine Innenarchitektin, die die Einrichtung stets auf dem neuesten modischen Stand hält. Das Holzhaus wird mit Ziegeln verkleidet und Louis, der ein echter »neighborhood guy« und reich genug ist, spendiert den Nachbarn ebenfalls eine schönere Fassade.

Wenn er nicht im *Cotton Club* oder *Apollo Theater* in Harlem auftritt, verbringt Louis mehr Zeit auf Tourneen als Zuhause. Er liebt das Unterwegssein, doch freut sich auch, daheim seine Frau wieder in die Arme zu schließen. Nach ihr muss er meist länger suchen, denn in der Zwischenzeit hat Lucille mal wieder alles umgebaut, Wände eingerissen, Räume umfunktioniert und neu möbliert. »Sweatheart, war da früher nicht mal ein Badezimmer?« – dieser Ausruf von Louis wird zum running gag zwischen den beiden. Sie sind glücklich verheiratet, dass kann man auf den Fotos sehen und auf den Tonbandaufnahmen hören, die Louis wie ein Besessener anfertigt. Er nimmt alles auf, sogar die Gespräche am Mittagstisch.

ALLES IST NOCH SO WIE FRÜHER

Die Armstrongs feiern gern und geben viele Partys. Im eleganten Wohnzimmer steht noch heute das weiße Klavier, auf dem Louis seine Gäste unterhielt. Drei Jahrzehnte leben sie in *Queens*. Lucilles Entschlossenheit, der Nachwelt eine Gedenkstätte zu hinterlassen, und einer treuen Putzfrau ist es zu verdanken, dass nach ihrem Tod alles so bleibt, wie es einmal war. So wirkt Satchmos Heim noch heute so, als könnten Louis und Lucille jederzeit durch die Haustür hereinspazieren. Auf Lucilles Nachtisch liegt noch ihre alte Bibel, in ihrem mit Silbertapete ausgekleideten Schrank hängen die Kleider, die sie in der Kirche getragen hat.

Als Louis eines Tages von einer besonders langen Reise zurückkommt, überrascht ihn Lucille mit einem zweiten, seinerzeit unglaublich glamourösen Bad: rundum verspiegelt, mit vergoldeten Wasserhähnen. Winzig, aber so trendy in seinem Las Vegas-Stil, dass es unter dem anspielungsreichen Titel »How the Other Half Lives« in einem Hochglanzmagazin abgebildet wird. Lucille liebt ihren Mann und weiß, dass er viel Zeit im Bad verbringt. Denn Louis leidet seit seiner Jugend unter Verstopfung. Selbst das Abführmittel »Swiss Kiss«, das er unbefangen selbst den britischen Royals anbietet (»Leave it all behind you«), ist heute noch im Haus.

Louis ist ein leidenschaftlicher Sammler und ein unermüdliches Arbeitstier. Er schreibt zwei Biographien, unzählige Artikel und beantwortet jeden Fanbrief selbst. Nur einer muss ihm durch die Lappen gegangen sein. Der stammt von dem mittlerweile zehnjährigen Truman Capote, der inzwischen im Internat gelandet ist und dort so schnell wie möglich weg will. Am besten nach New York und noch besser – in einen der Clubs, in denen Louis jetzt auftritt. Also schreibt Truman seinem großen, inzwischen berühmten Freund und Förderer einen Brief, in dem er ihn bittet, ihm einen Job in Harlem zu verschaffen. *»Eine Antwort habe ich nie bekommen. Vielleicht hat ihn der Brief ja auch gar nicht erreicht«*, schreibt der Autor im Rückblick, *»doch auch das war mir egal, ich liebte ihn und tue es heute noch.«*

Zuletzt war Louis Armstrong schwer herzkrank; die Ärzte hatten ihm sogar verboten, Trompete zu spielen. Er starb am 6. Juli 1971 im Schlaf an einem Herzinfarkt und wurde auf dem *Flushing Cemetery* in Queens beigesetzt.

APOLLO THEATER
253 125th Street, Harlem
www.apollotheater.org
▶ Subway: 125th Street

COTTON CLUB
656 West 125th Street, Harlem
www.cottonclub-newyork.com
▶ Subway: 125th Street

LOUIS ARMSTRONG HOUSE MUSEUM
34-56 107th Street, Queens
www.louisarmstronghouse.org
▶ Subway: 103rd Street, Corona Plaza, Corona

LEE STRASBERG

1901–1982

Er war der legendäre Trainer der Stars und gründete die berühmteste Schauspielschule der Welt. Marlon Brando, Dustin Hoffman, James Dean, Jane Fonda und Paul Newman litten und lernten bei ihm.

Mitten in Manhattan zweigt vom quirligen *Union Square* **40** *(▸ F4)* eine schmale Straße in Richtung Osten ab. Nach der in New York üblichen Nummerierung des städtischen Rasters müsste es die *15th Street East* sein. So ist es auch, obwohl das grüne Schild über der gelben Ampel erst einmal den *Lee Strasberg Way* anzeigt: eine Hommage an den New Yorker Schauspiellehrer Lee Strasberg. In der legendären Kaderschmiede des von ihm geleiteten *The Actors Studio* **33** *(▸ H/J 3)* haben Weltstars wie *Marlon Brando, Dustin Hoffman, James Dean, Robert De Niro, Al Pacino, Harvey Keitel, Paul Newman, Bette Midler* und *Jane Fonda* trainiert oder ihre Ausbildung bekommen.

Schon von der Kreuzung aus ist die blaue Flagge des *Lee Strasberg Instituts* **17** *(▸ F5)* zu sehen, gleich neben ihr weht das amerikanische »Stars and Stripes«-Banner im Wind. Es sind nur ein paar Schritte bis zu der Schule, die der ostjüdische Immigrantensohn Lee Strasberg 1969 in der Tradition des *The Actors Studio* gegründet hat. Seine Lehrsätze wie *»Jemand, der auf der Bühne*

Lee Strasberg, der weltberühmte Schauspiellehrer aus New York. Seine Schule brachte viele Weltstars hervor.

agiert, zeigt, dass er lebt« oder *»Nervosität ist ein Hinweis darauf, dass du dich mehr mit dir selbst beschäftigst als mit deiner Rolle«* spornen noch heute Schauspieler aus der ganzen Welt zur intensiven Arbeit an ihrer Ausdruckskraft an.

Die Bühnen, Tanz- und Musikstudios sind in einem gediegenen roten Backsteinhaus mit weißen Fensterahmen untergebracht. Vor dem mehrstöckigen Gebäude stehen Bänke und Bäume, in

Der Union Square, ein beliebter Treffpunkt auch von den Studenten des benachbarten Lee Strasberg Instituts.

der Dämmerung verbreiten altmodische Straßenlaternen ein warmes, fast intimes Licht. Mittags belebt sich der *Lee Strasberg Way* mit Studenten, die in der Pause ins Freie strömen. Wenn es nicht gerade stürmt, in Strömen gießt oder schneit, lassen sich viele erst einmal auf den Bänken nieder, um zu reden oder zu rauchen, Dampf abzulassen von der aufregenden Probe oder um sich mit ein paar Gitarrenakkorden in Stimmung zu bringen. Sie stehen in kleinen Grüppchen auf dem Bürgersteig und diskutieren, bevor sie sich auf den Weg zum Hotdog-Stand auf dem *Union Square* **40** *(▸ F4)* machen oder sich zum Lernen in das Café des Buchladens *Barnes & Noble* **4** *(▸ F5)* zurückziehen.

Die Kurse sind international zusammengewürfelt, die Schüler kommen aus mehr als 30 Ländern. Einige sind für ein oder zwei Jahre fest eingeschrieben und absolvieren hier ihre Grundausbildung, andere kommen nur für einen vierwöchigen Workshop im

»Method Acting« nach New York. Eine Schauspiel-Methode, die auf das innovative Konzept des Moskauer Schauspieltheoretikers *Konstantin Stanislawski* zurückgeht, und die selbst ausgebildeten Darstellern wie dem Frankfurter *Fabian Döring* einen »ganz neuen Zugang« zu ihren Rollen eröffnet. Neben dieser speziellen Technik stehen Fächer wie Tanz, Tai Chi, Ballett, Script-Analyse, Charakterstudie, Dialekte oder Singen, Musical oder Kamera- und Lichttechnik auf dem Stundenplan.

Lee Strasberg wird am 17. November 1901 als Israel Lee Strasberg in *Budzanów* geboren. Der Ort gehört damals zur Habsburger-Monarchie *Österreich-Ungarn* und ist heute Teil der Ukraine. Als er acht Jahre alt ist, emigriert seine Familie nach New York, wo Israel und seine drei Geschwister eine hebräische Highschool besuchen. Der Heranwachsende nennt sich bald Lee statt Israel und nimmt Schauspielunterricht beim innovativen *American Laboratory Theatre*.

DIE STRASBERG-IDEE STAMMT AUS MOSKAU

Im New York der kulturell boomenden 20er- und 30er-Jahre wird frei nach künstlerischen Strömungen aus der ganzen Welt experimentiert. So fällt hier auch die avantgardistische Lehre des russischen Theaterpädagogen Konstantin Stanislawski auf fruchtbaren Boden. Lee Strasberg besucht in New York eine Gastaufführung von Stanislawskis Moskauer Schauspielgruppe und ist von deren Bühnenpräsenz so beeindruckt, dass er die Grundlagen ihrer Technik genau studiert.

1931 gründet er zusammen mit *Harold Clurman* und *Cheryl Crawford* das *Group Theatre*. Das progressive Schauspielkollektiv macht sich in New York mit kämpferischen Anti-Kriegsstücken und sozialkritischen Produktionen einen Namen. Nach seiner Auflösung ruft der Regisseur *Elia Kazan* 1947 mit anderen Kollegen das *The Actors Studio* **33** *(▸ H/J 3)* ins Leben. Lee Strasberg, der zunächst in der *Carnegie Hall* **10** *(▸ K 4)* und an der *New School for Social Research* Privatunterricht gibt, übernimmt ab 1951 dessen künstlerische Leitung. Unter seiner Führung gewinnt die Schauspielschule internationales Renommee.

DAS STRASBERG-PRINZIP: ARBEIT, ARBEIT, ARBEIT

Strasberg erweitert Stanislawskis Ansatz der Verschmelzung von äußerer Rolle und innerem Empfinden mit den psychoanalytischen Erkenntnissen *Sigmund Freuds*. Sein Credo: »*Menschen haben ein Grundbedürfnis nach künstlerischem Ausdruck. Damit meine ich nicht Selbstdarstellung, sondern das Bedürfnis, Dinge zu sagen und zu tun, die man im Alltag nicht vollständig artikulieren kann, die aber gesagt und getan werden müssen.*«

Um eine Rolle gut zu spielen, muss der Schauspieler zunächst alle ihre Aspekte und Motive, ihr Milieu, ihren Charakter, ihre Umgebung genau studieren und analysieren. Gleichzeitig erkundet er durch spezielle Übungen auch seine eigenen Gefühle und Empfindungen. Mit allen fünf Sinnen schöpft er aus dem Reichtum seiner bewussten und unbewussten Erfahrungen, um schließlich alle relevanten körperlichen und geistigen Ausdrucksmöglichkeiten in den schöpferischen Dienst seiner Rolle zu stellen. Dieser Prozess verläuft in vielen Schritten und wird mit Entspannungs- und Imaginationsübungen unterstützt. Strasberg ermuntert seine Schüler vor und nach der Fron: »*Wunder passieren nur nach sehr harter Arbeit, selbst ein Heiliger muss hart arbeiten.*«

Lee Strasberg, so rühmt der Regisseur Elia Kazan 1955 in einem Artikel für den »New York Herald Tribune«, sei nicht nur »ein geborener Lehrer«, sondern besitze auch die »außergewöhnliche Gabe«, sich vollkommen auf seine Schüler zu konzentrieren. Das Unterrichten, Ausprobieren, Analysieren, Anleiten,

Lee Strasberg analysiert den Schauspieler Salem Ludwig 1965 bei einem Workshop.

Zuhören, Erklären, Untersuchen, Ermutigen, Wiederholen, Entdecken sei sein Leben.

Die Liste der Schauspieler, die nach dem »Method Acting« ausgebildet sind, liest sich wie ein Who is who der großen amerikanischen Darsteller. In jüngster Zeit haben neben Angelina Jolie oder Scarlett Johansson auch der österreichische Oscarpreisträger Christoph Waltz und die deutsche Schauspielerin Franka Potente in New York oder an der Lee-Strasberg-Dependance in Los Angeles Kurse belegt.

Trotz seines Erfolgs hat Strasberg nicht nur Bewunderer. So wird von der Hollywood-Ikone Marlene Dietrich kolportiert, dass sie vom »Method Acting« wenig gehalten habe. Als sie ein Journalist einmal darauf anspricht, soll die Diva ungehalten erwidert haben: *»Wissen Sie was, manchmal zähle ich im Stillen einfach nur von eins bis zehn.«*

Für den New Yorker Joseph London, der seine Ausbildung im HB Studio *(▸ E3)* absolviert hat, einer Schauspielschule in Downtown Manhattan, an der beispielsweise Barbra Streisand und Sarah Jessica Parker gelernt haben, ist entscheidend, dass der Schauspieler bei aller Intensität seiner Darstellung die Kontrolle behält. *»Ich kannte eine Kollegin, die hat sich auf der Bühne so stark mit ihrer*

Rolle identifiziert, dass sie nur zwei bis drei Mal pro Woche auftreten konnte. Die übrigen Tage war sie mental völlig erschöpft.«

Wer sich als Schauspieler in seiner Rolle und den damit verbundenen Emotionen verliere, dessen Darstellung werde rasch langweilig, meint Joseph London, der in einem der frühen Streisand-Filme mitspielt hat und nun für die Vereinten Nationen als Guide arbeitet. *»Der Weg zu einer guten Szene kann unterschiedlich sein. Ich bin sicher, dass auch Marlene Dietrich manchmal, ob bewusst oder unbewusst, Techniken des ›Method Acting‹ angewandt hat – jedenfalls dann, wenn es ihre Rolle erfordert hat.«* Damit würde sich vermutlich auch Lee Strasberg anfreunden können, von dem das Zitat überliefert ist: *»›Method Acting‹ ist das, was alle Schauspieler anwenden, wenn sie gut spielen.«*

Strasbergs Anleitungen finden Eingang in Lehrbücher und sogar in die Encyclopædia Britannica. Der Meister übernimmt Lehraufträge in *Harvard*, *Yale* und *Kalifornien* und hält Seminare in *Moskau*, *Paris* und *Bochum*. 1974 tritt er unter der Regie von *Francis Ford Coppola* selbst vor die Kamera und wird für seine Nebenrolle in »Der Pate II« für einen Oscar nominiert.

WAR MARILYN MONROE DEN STRASBERGS HÖRIG?

In den letzten Jahren vor ihrem Tod lässt sich auch *Marilyn Monroe* von den Strasbergs als Schauspielerin betreuen. Lee und seine zweite Ehefrau *Paula* raten ihr davon ab, in *Capotes* Romanverfilmung »Frühstück bei Tiffany« mitzuspielen. Die Rolle der Holy Goldwater sei zu »sophisticated« für Marilyn. Zum Ärger ihres damaligen Ehemanns *Arthur Miller* haben die Strasbergs so großen Einfluss auf Marilyn Monroe, dass sie nicht nur auf die Rolle verzichtet, sondern das Ehepaar auch als ihre Nachlassverwalter einsetzt. Arthur Miller soll daraufhin Lee Strasberg als Scharlatan bezeichnet haben.

Auch andere üben Kritik, wie etwa Elia Kazan. Strasberg habe Schauspieler zur Unselbstständigkeit erzogen, ja sie sogar regelrecht abhängig von ihrem omnipotenten Lehrer gemacht. Besonders seine zweite Frau Paula habe Marilyn Monroe auf eine Weise begleitet, dass der Star »ohne Paula verloren war«.

Im Erdgeschoss der legendären Schauspielschule führt eine rot lackierte Tür zum *Marilyn Monroe Theater*, der Hauptbühne des Strasberg-Studios. In einem der Büros hängt ein Bild an der Wand. Es zeigt Marilyn Monroes Porträt auf einer Briefmarke.

The Actors Studio **33** *(▸ H/J 3)* bildet inzwischen keine Schauspieler mehr aus, sondern existiert nur noch als gemeinnützige künstlerische Probebühne für Profis. Man kann dort allerdings in Kooperation mit der Pace University ein dreijähriges Master-Studium in »Fine Arts« absolvieren. Seit dem Tod seines Gründers 1982 wird das *Lee Strasberg Institute* von dessen dritter Ehefrau *Anna* geleitet.

BARNES & NOBLE **4** ▸ *F5*
33 East 17th Street, Greenwich Village
www.barnesandnoble.com
▶ Subway: 14th Street, Union Square

LEE STRASBERG INSTITUTE **17** ▸ *F5*
Lee Strasberg Way/15th Street East, Gramercy Park
www.strasberg.com
▶ Subway: 14th Street, Union Square

THE ACTORS STUDIO **33** ▸ *H/J 3*
Old Labor Stage, Greenwich Village
432 West 44th Street
www.theactorsstudio.org
▶ Subway: 42nd Street, Port Authority Bus Terminal

ARTHUR MILLER

1915–2005

Der Autor von »Tod eines Handlungsreisenden« ist einer der meist gefeierten Dramatiker Amerikas. Da begegnet er einem Sexsymbol. Und ihn durchzuckt der »Schock der Bewegung ihres Körpers« ...

Der 39-jährige New Yorker Bühnenautor Arthur Miller hat gerade *Marilyn Monroe* kennengelernt. Ein gemeinsamer Freund, der Regisseur *Elia Kazan*, hat die beiden in *Los Angeles* miteinander bekannt gemacht. Zwei Menschen treffen aufeinander, wie sie unterschiedlicher kaum sein können. Er: ein typischer Ostküsten-Intellektueller jüdischer Herkunft, der *Hollywood* für eine Bastion der Dekadenz hält und gerade einen gut dotierten Job als Drehbuchschreiber abgelehnt hat. Sie: gefeierter Hollywoodstar, Sexsymbol wider Willen, verletzlich und anlehnungsbedürftig, kulturbeflissen und wissbegierig – und auf der Suche nach einem »Daddy«, der ihr Halt gibt.

Arthur Miller, dessen gesellschaftskritisches Drama »Tod eines Handlungsreisenden« zu Hause am *Broadway* Furore macht, fängt sofort Feuer. Er lädt die scheue Schöne zu einer Party ein, die *Hollywood* ihm zu Ehren gibt, und holt sie – anstatt sie im Taxi vorfahren zu lassen – persönlich mit dem Auto ab. Eine Geste, die Marilyn beeindruckt.

Der Dramatiker Arthur Miller auf einem Foto von 1949. In diesem Jahr wird sein Drama »Tod eines Handlungsreisenden« uraufgeführt.

Trotzdem wird es zwei Jahre dauern, bis Miller und Monroe zu einem der glamourösesten Liebespaare von New York zusammenfinden. Miller ist bereits verheiratet. Voller Gewissensbisse, »eine Blutspur von den Stacheln der Lust« hinter sich herziehend, flieht er zu seiner Familie nach *Brooklyn Heights* 7 *(▸ A 7)* zurück, wo er mit seiner Frau *Mary Grace Slattery* und den beiden Kindern in einem hübschen Reihenhaus wohnt. Jahrelang hat Mary als Lekto-

Das legendäre Chelsea. Wie viele Intellektuelle lebte auch Arthur Miller hier.

rin die Familie ernährt. Jetzt, nachdem Arthur den Pulitzerpreis gewonnen hat und endlich gut verdient, möchte er sie nicht im Stich lassen. Trotzdem geht ihm Marilyn nicht aus dem Kopf. Doch die heiratet erst einmal den Ex-Baseballspieler *Joe DiMaggio.*

Arthur Miller wurde am 17. Oktober 1915 in New York als Sohn einer jüdischen Emigrantenfamilie aus *Polen* geboren. Sein Vater *Isidore »Izzie«* hatte sich in *Harlem* zum Textil-Unternehmer hochgearbeitet. Arthurs bildungshungrige Mutter *Augusta* liebte das Theater und infizierte ihren Jüngsten mit dem Bühnenvirus. Schon als Achtjähriger besuchte er Aufführungen am *Broadway* **6** *(▸ F4)*, zappelig vor Aufregung, bis endlich der Vorhang aufging. Weitere Versuche seiner Mutter, den hochgewachsenen Sohn auch musikalisch zu fördern, scheiterten: Arthur spielte mit der Geige seines Lehrers lieber Tennis.

Ähnlich lässig verläuft auch seine jüdische Erziehung. In der Synagoge hockt er auf dem Schoß seines Urgroßvaters und erfindet seine eigene Religion. Der heißgeliebte Uropa ist ein begnadeter Geschichtenerzähler, so pointensicher, dass er die Erde nicht verlässt, ohne selbst eine gute Story zu hinterlassen. Arthur Miller schildert in seiner Autobiographie »Zeitkurven« dessen eindrucksvollen Abgang. Als der fast 90-Jährige spürt, dass es bald vorbei sein wird, lässt er den Rabbi kommen. Nach dem Gebet wacht er noch einmal auf, tastet unter sein Kopfkissen – und ist sofort hellwach. Das Säckchen mit den Diamanten ist verschwunden! Zitternd vor Wut erhebt sich der alte Mann, er greift nach seinem Stock und spaziert über die *Madison Avenue* zur Synagoge, wo er den Rabbi mit seinem »Knüppel der Gerechtigkeit« windelweich prügelt und zur Herausgabe des gestohlenen Vermögens zwingt. Erst dann kehrt er zufrieden in sein Sterbebett zurück.

DIE WELTWIRTSCHAFTSKRISE FORMT IHN

In den 20er-Jahren wohnen die Millers in *Harlem* am Nordrand des *Central Parks*. Noch scheint die Welt in Ordnung zu sein, doch der Kurssturz an der *Wall Street* **42** (▸ *B 5*) reißt die Weltwirtschaft in den Abgrund und verschont auch den väterlichen Betrieb nicht. Die Familie zieht nach *Brooklyn* um. Um sein Literaturstudium zu finanzieren, jobbt Arthur als Tellerwäscher und Hafenarbeiter. Er gewinnt Einblick in das Arbeitermilieu, für das er sich zwar engagiert, doch als Jude aus der gebildeten Mittelschicht bleibt er ein Außenseiter. Er sieht in der Wirtschaftskrise *»eine moralische Katastrophe, eine gewaltsame Entschleierung der Scheinheiligkeit hinter der Fassade der amerikanischen Gesellschaft«*.

Aus dieser Erkenntnis formt er den Stoff für seine sozialkritischen Theaterstücke. Schreiben wird für ihn zu einem Akt der Selbsterforschung, 1944 wird sein erstes Drama »The Man Who Had All the Luck« in New York uraufgeführt. Den Durchbruch erlebt er im Alter von 33 Jahren mit »Tod eines Handlungsreisenden«, der Tragödie des Handelsvertreters Willy Loman, der am unbarmherzigen Wirtschaftssystem und seiner Lebenslüge zugrundegeht. Das Stück ist ein Abgesang auf die Ideologie des amerikanischen Traums, wird 1949 am *Broadway* uraufgeführt und beschert dem jungen Autor quasi über Nacht Weltruhm. New York liegt ihm zu Füßen.

Zeitsprung in die 50er-Jahre – Pressewirbel in der *Lexington Avenue (▸J5)*: An der Subway-Station spielt sich eine Szene ab, die Fotogeschichte schreibt. Es ist das Jahr 1954 und *Billy Wilder* lässt Marilyn Monroe für »Das verflixte siebte Jahr« mit hoch wirbelndem Rock über dem U-Bahn-Schacht posieren. Die Fotografen flippen aus – und leider auch DiMaggio, Marilyns Ehemann. Am nächsten Drehtag, so schreibt Christa Maerker in ihrem Buch »Marilyn Monroe und Arthur Miller«, braucht Marilyn mehr Puder als sonst. Kurz darauf reicht sie die Scheidung ein und zieht nach New York. Sie nimmt Schauspielunterricht bei den *Strasbergs* und trifft sich heimlich mit Arthur Miller.

Eines Nachts steht Miller, der inzwischen zu Hause ausgezogen ist, in *Nevada* in einer Telefonzelle. Marilyn Monroe dreht gerade »Bus Stop« und verzweifelt mal wieder an sich und der Welt. »Oh Daddy, ich kann nicht mehr alleine kämpfen«, schluchzt sie durch die Leitung. Arthur Miller fällt vor Schreck erst mal in Ohnmacht. Dann beschließt er, die Geliebte zu heiraten und fortan vor sich selbst zu beschützen.

Während des Kalten Kriegs hat sich das innenpolitische Klima in den USA dramatisch verschärft. Der republikanische Senator *McCarthy* veranstaltet eine hysterische Kommunistenjagd auf Intellektuelle. Auch Miller, der Mitglied der Kommunistischen Partei ist und dessen Stück »Hexenjagd« unmissverständliche Anspielungen enthält, gerät ins Visier des FBI. Der Autor muss sich vor dem berüchtigten Senatsausschuss für unamerikanische Umtriebe quälenden Verhören unterziehen.

Während eines Hearings verkündet er öffentlich, dass er beabsichtige, Marilyn Monroe zu heiraten. Und deshalb, so Miller mit Nachdruck, fordere er unverzüglich seinen Pass zurück, den ihm

Ein glamouröses Ehepaar: Arthur Miller und Marilyn Monroe im Jahr 1956.

die Behörde entzogen habe. Die Klatschpresse überschlägt sich vor Entzücken – ein Traumpaar!

Die Hochzeit findet im Sommer 1956 statt. Ihrem Mann zuliebe tritt Marilyn zum Judentum über und bemüht sich nach Kräften, eine gute Hausfrau zu sein. Sie kocht nach dem Rezept ihrer Schwiegermutter »Gefilte Fisch« und trocknet die selbstgerollten Nudeln mit dem Föhn. Die Millers wohnen jetzt in *Sutton Place* **32** *(▸ K6)*. Ein exklusives Wohnviertel am *East River*, mit Blick auf die *Queensboro Bridge* und *Brooklyn,* in dem später auch Michael Jackson, Aristoteles Onassis, Stararchitekt Ieoh Ming Pei und die Schauspielerin Sigourney Weaver leben.

Doch die Erwartungen der ungleichen Ehepartner aneinander sind zu gewaltig, die Bilder voneinander zu illusorisch. Die Beziehung beginnt bald zu bröckeln. Zweimal wird Marilyn schwanger, beide Male verliert sie ihr Kind vor der Geburt. Miller, der in seiner Frau vor der Hochzeit einen Engel gesehen hat, hält sie schon kurz danach für eine unberechenbare Kindfrau. Marilyn, die schlecht mit Geld umgehen kann, gründet ihre eigene Firma. Sie wird immer abhängiger von den Strasbergs – und von unfähigen Psychiatern, die ihr gegen ihre Ängste schwere Schlafmittel verschreiben.

Sie ziehen in ein altes Haus aufs Land, das Marilyn durch einen Neubau ersetzten will. Die Pläne zeichnet *Frank Lloyd Wright*, der gerade das *Guggenheim-Museum* entworfen hat. Doch seine Entwürfe landen in der Schublade, zu aufwändig. Um seiner Frau eine Freude zu machen, überwindet Arthur seine Vorbehalte gegenüber *Hollywood* und schreibt für sie ein maßgeschneidertes Drehbuch: »Misfits« (»Nicht gesellschaftsfähig«) – die Geschichte einer eigenwilligen, starken Frau, konträr zur Rolle des blonden Herzchens, auf die Marilyn zu ihrem Leidwesen bisher abonniert ist. Doch diese zögert – und verletzt damit ihren Mann.

EINE TRAUMEHE WIRD GESCHIEDEN

Zwar wird der Film mit *Clark Gable* ein Erfolg, doch die Ehe der Millers ist nicht mehr zu retten. Zu groß ist inzwischen die Entfremdung. *»Marilyn war nicht die alles vergebende und sinnliche Geliebte … auf die mich ein Leben der Selbstverleugnung lange vor ihrem Auftauchen vorbereitet hatte«*, bekennt Arthur Miller selbstkritisch. Am 11. November 1961 wird das Traumpaar geschieden.

Im darauffolgenden Mai haucht Marilyn im *Madison Square Garden* **18** *(▸ G 3)* auf John F. Kennedys Geburtstagsgala in einem hautengen Glitzerkleid ihr laszives »Happy Birthday, Mr. President« ins Mikrophon. Es ist Marilyns letzter öffentlicher Auftritt. Drei Monate später stirbt sie kurz vor ihrem 36. Geburtstag in *Kalifornien* an einer bis heute ungeklärten Schlafmittelvergiftung.

Die New Yorker verehren sie nach wie vor abgöttisch. Überall in der Stadt, bei den Souvenirhändlern im *Central Park (▸ K 3/4)*, auf Fotos, T-Shirts und Taschen, und natürlich in den Galerien, die Warhols berühmte Marilyn-Siebdrucke verkaufen, begegnet man ihrem strahlenden Lächeln.

Arthur Miller heiratet die österreichische Fotografin *Inge Morath*. In den 60er-Jahren zieht er für sechs Jahre ins legendäre

Chelsea Hotel **11** *(▸ G3)*, in dem er auch schon früher mit Marilyn übernachtet hat. »*Ich fühlte mich dort auf Anhieb zu Hause. Ich fand den Charme des Chelsea entspannend, seine einzigartige Atmosphäre von unkontrollierbarem Verfall. Es ist nicht Teil von Amerika. Kein Staubsauger, kein Geschmack, keine Prüderie. Der Gipfel des Surrealen.*«

Seine Frau fotografiert ihn und Elia Kazan dort bei der Arbeit an Millers neuem Stück »After the Fall.« Seit 2011 ist das *Chelsea* für Hotelgäste geschlossen. Eine Gedenktafel an der roten Backsteinfassade erinnert an Arthur Miller.

Zwei Jahre nach seinem Tod am 10. Februar 2005 werden Frank Lloyd Wrights Pläne für das Haus, das er einst für Marilyn und Arthur plante, posthum realisiert: in einem Golfclub auf der Hawaii-Insel Maui.

BROOKLYN HEIGHTS **7** ▸ *A7*
Brooklyn
▶ Subway: Clark Street

CHELSEA HOTEL **11** ▸ *G3*
222 West 23rd Street, Chelsea
▶ Subway: 23rd Street

MADISON SQUARE GARDEN **18** ▸ *G3*
2 Penn Plaza, Midtown
www.thegarden.com
▶ Subway: 34th Street, Penn Station

SUTTON PLACE **32** ▸ *K6*
Midtown
▶ Subway: Lexington Avenue, 59th Street

LEONARD BERNSTEIN

1918–1990

Der legendäre Komponist der »West Side Story« war nicht nur ein charismatischer Dirigent, virtuoser Pianist und einfühlsamer Lehrer, sondern auch ein mitreißender Chronist.

New York, den 14. November 1943. Die Stadt schläft sich aus an diesem trüben Sonntag, und auch Leonard Bernstein liegt noch halb im Koma. Am Abend zuvor hat er in der *Radio City Music Hall* 25 *(▸ J 4)* eine Musikaufführung besucht und danach ist es spät geworden. Viel Alkohol, viele Zigaretten, erst um halb fünf ist er ins Bett gekommen. Wovon er geträumt hat in dieser Nacht, bevor einer seiner größten Träume in Erfüllung geht, daran erinnert er sich später nicht mehr. Nur daran, wie er durch das Klingeln des Telefons aus dem Schlaf gerissen wird.

Müde tastet der 25-jährige Musiker nach dem Hörer. Am andere Ende der Leitung ist *Bruno Zirato*, der stellvertretende Manager der *Carnegie Hall* 10 *(▸ K 4)*. Maestro *Bruno Walter*, der berühmte, in Österreich geborene und aus Nazi-Deutschland in die USA geflohene Dirigent, der am Nachmittag ein mit Spannung erwartetes Konzert dirigieren soll, ist tatsächlich so schwer an Grippe erkrankt, dass er nicht auftreten kann. »Lenny, jetzt wird's ernst.

Leonard Bernstein hat viele der großen Orchester dieser Welt dirigiert. Hier bei einer Konzertprobe im Jahr 1982.

Zieh dich bitte an«, sagt Zirato. Schlagartig ist Bernstein hellwach. »Heute nachmittag? Ohne Probe?« »Ja, ohne Probe, los jetzt, Lenny!« Bernstein stürzt aus dem Bett. Erst vor ein paar Monaten ist er zum Assistenten des Chefdirigenten an der *Carnegie Hall* berufen worden, noch nie hat er mit dem *New York Philharmonic Orchestra* gespielt. Nun muss er ins kalte Wasser springen. Unter der Dusche dämmert ihm, dass er gestern schon eine Vorwarnung bekom-

Die Carnegie Hall wurde 1892 eröffnet und ist eines der berühmtesten Konzerthäuser der Welt.

men hat. Bruno Walter gehe es nicht gut, und es könne sein … Doch wie oft kommt es vor, dass der stellvertretende Kapellmeister tatsächlich ans Pult treten muss? Zu spät jetzt. Der Rundfunk wird da sein und landesweit übertragen. Wenigstens hat er die Partituren gut gelernt – »just in case«.

John Corigliano, der Konzertmeister, beruhigt den nervösen Dirigenten: »Keine Sorge, wir stehen hinter dir.« Dann ist es soweit. Im Publikum sind Unmutsäußerungen zu hören, als Zirato bekannt gibt, dass Maestro Bruno Walter bedauerlicherweise nicht erscheinen könne. Stattdessen werde zum ersten Mal ein amerikanischer Dirigent die New Yorker Philharmoniker dirigieren, *»ein vielversprechender, junger Musiker, der hier in unserem Land geboren, aufgewachsen und ausgebildet worden ist: Leonard Bernstein«*.

Bernstein springt aufs Podium und gibt dem Orchester das Zeichen zum Einsatz. Dann läuft alles wie im Traum. Das Publikum spendet nach jedem Stück frenetischen Beifall. Als die letzten Töne der Ouvertüre zu Wagners »Die Meistersinger von Nürnberg« verklungen sind, tobt der Saal, einige Zuhörer stürmen die Bühne. Am nächsten Morgen titelt die »New York Times«: *»Eine schöne amerikanische Erfolgsgeschichte. Ihr warmer, freundlicher*

Triumph erfüllte die Carnegie Hall und sprang über den Äther weit darüber hinaus.« Zum ersten Mal hat ein Dirigent die Philharmoniker dirigiert, der nicht in Europa geboren oder ausgebildet ist. Von nun an ist Bernsteins kometenhafte Karriere nicht mehr zu bremsen. 427 Konzerte wird der charismatische Musiker noch an der *Carnegie Hall* **10** *(▸ K4)* geben, bevor die Philharmoniker ins *Lincoln Center (Avery Fisher Hall* **3** *(▸ K3))* umziehen.

Hinter der Bühne versuchen an jenem Sonntag auch Leonards Eltern durch die Reporter und Fotografen zu ihrem Sohn durchzudringen, um ihm zu gratulieren. Für den jungen Dirigenten ist dies vielleicht der größte Triumph. »Jeder Musiker hat ein Handicap, Lenny hat einen Vater.« Dieser Ausspruch von *Sam Bernstein* einem Reporter gegenüber charakterisiert das angespannte Verhältnis des ostjüdischen Rabbis zu seinem Sohn. Sam ist als 16-Jähriger aus der Ukraine nach Amerika emigriert und hält mehr von den heiligen Texten des Talmuds als von der brotlosen Kunst eines »Klezmers«, wie der typische jüdische Musikant im »Schtetl« heißt.

EIGENTLICH HEISST ER JA LOUIS

Schon als Kind ist Lenny verrückt nach Musik. Die Eltern haben ihn auf den Namen Louis getauft, nach dem Willen der Großmutter, nennen ihn aber nie so. Als Lenny in der Schule als Louis Bernstein aufgerufen wird, schaut er sich ratlos um. Wer ist denn das? Vielleicht, so mutmaßt Bernstein später scherzhaft, habe diese Verwirrung den Grundstein zu seiner »Schizophrenie« gelegt: seinem Hin- und Hergerissensein zwischen der Klassik und dem Musical, zwischen Komponieren und Dirigieren, zwischen Frauen und Männern.

»Von Anfang an ist er etwas Besonderes, asthmatisch, sensibel, intelligent. Er hinterließ auf jeden einen bleibenden Eindruck,

entweder wegen seines ständigen Keuchens oder wegen seiner unübersehbaren Frühreife«, schreibt später sein Bruder *Burton*. *»Der kränkliche Lenny war brillant – immer der Beste in der Schule und der Anführer der Gang.«* Im Alter von fünf Jahren spielt er auf einem imaginären Klavier auf dem Fensterbrett. Später gründet er mit einem Freund einen eigenen Staat mit eigener Sprache. Leonard Bernstein selbst erinnert sich vor allem an seine Angst vor der antisemitischen Nachbarschaft. Die Musik wird seine Rettung, seine lebenslange, große Leidenschaft. *»Plötzlich fand ich meine eigene Welt. Ich wurde innerlich stark … Es veränderte mein Leben. Das Geheimnis ist, dass ich ein Universum fand, in dem ich sicher war: die Musik. Niemand konnte mir etwas anhaben, wenn ich in meiner Welt der Musik war.«*

Als 12-Jähriger gründet er eine Band und verdient sich das Geld für den Klavierunterricht. Mit 16 fängt er an zu komponieren und zieht durch die Jazzclubs. In *Harvard* studiert er Sprachen, Philosophie und Musik, dann setzt er seine Musikausbildung in *Philadelphia* und *Tanglewood* fort. Wo auch immer er hinkommt, fasziniert er mit seinem hinreißenden Charme, seinem Temperament und seiner unwiderstehlichen, fast aggressiven Lebenslust vor allem auch junge Menschen. »Lenny spielt nicht Klavier – he makes love to it all the time«, sagt seine Mutter *Jennie*.

New York, den 6. Januar 1949: *»Heute hat Jerry R. angerufen mit einer wunderbaren Idee: einer modernen Version von Romeo und Julia, angesiedelt in den Slums von New York, zwischen verfeindeten jüdischen und katholischen Jugendgangs. Julia ist eine Jüdin … Straßenkämpfe, Doppeltod. Alles passt. Aber die größte Herausforderung wird sein, diese tragische Geschichte mit den Mittel des herkömmlichen komödiantischen Musicals zu erzählen, ohne dabei ins Drama einer Oper abzugleiten. Geht das überhaupt? So etwas hat es bisher noch nie gegeben. Ich bin aufgeregt …«*

Szene aus dem Film »West Side Story« nach dem gleichnamigen Musical von Bernstein. Im Vordergrund George Chakiris.

Als Bernstein diese Sätze in sein Tagebuch notiert, ist er bereits Chefdirigent in New York. Er hat ein erfolgreiches Ballettstück und ein ebenso gefeiertes Broadway-Musical komponiert und in *Israel* sein erstes Konzert gegeben, was ihn wegen seiner jüdischen Wurzeln besonders bewegt hat.

Seit dem Anruf vom Broadway-Choreografen *Jerome Robbins* ist er Feuer und Flamme für die Idee, das Liebesdrama von Romeo und Julia in den Slums von New York zu inszenieren. Anfangs soll das Musical in der *East Side* spielen, wo sich Katholiken und Juden Bandenkriege liefern. Doch weil Bernstein unermüdlich unterwegs ist, um überall auf der Welt Konzerte zu geben und Platten aufzunehmen, wird es acht Jahre bis zur Premiere dauern. Inzwischen haben sich die sozialen Brennpunkte auf die *West Side* verlagert, wo sich amerikanische Jugendgangs, die »Jets«, mit eingewanderten Puerto Ricanern, den »Sharks«, prügeln. So wird das

Musical in »West Side Story« umgetauft und dort angesiedelt, wo später das *Lincoln Center (▸ K 3)* gebaut wird.
Später, 1957, schreibt Bernstein in sein Tagebuch: *»Gestern Proben. Wunderschöne Skizzen für das Bühnenbild von Oliver. Irene zeigt uns die Kostümentwürfe: atemberaubend. Ich kann es kaum glauben: 40 Jugendliche stehen für uns auf der Bühne. 40 Kids … die niemals zuvor gesungen haben – und deren Musik einfach himmlisch klingt. Ich denke, wir hatten Recht mit unserer Idee, keine ausgebildeten Sänger zu engagieren: Alles, was professioneller klingen würde, würde es ruinieren. Ein gutes Beispiel, wie sich Nachteile in Vorteile verwandeln.«*

Sechs Wochen später ist es soweit. Die »West Side Story« hat Premiere; Tanz, Gesang und Schauspiel verschmelzen auf hohem, nie da gewesenem Niveau. *»Es war genau wie wir es geträumt haben. Das lange Warten, Umschreiben und Zweifeln hat sich gelohnt«*, hält der Komponist fest. *»Ich habe geweint und gelacht als ob ich es nie zuvor gehört hätte. Ich glaube, der Schlüssel zum Erfolg liegt darin, dass wir alle zusammengearbeitet haben und daran geglaubt haben, dass diese Geschichte ohne Happy End auskommt. Auf dem Broadway passiert so etwas sehr selten. Ich bin stolz, daran mitgewirkt zu haben.«* Die »West Side Story« wird auch als Film ein Welterfolg und mit zehn Oscars prämiert.

ALLES VERSCHMILZT – DIE MENSCHEN, DIE MUSIK

In den folgenden Jahrzehnten arbeitet Bernstein weltweit als Dirigent, Komponist, Pianist und Musiklehrer. In seiner eigenen Fernsehsendung zeigt er einem jungen Millionenpublikum auf unterhaltsame Weise, wie ernste Musik funktioniert. Über das Dirigieren schreibt er: *»Der Dirigent muss seine Gefühle so ausstrahlen, dass sie auch noch den letzten Mann in der zweiten Geige erreichen. Wenn das eintritt, wenn hundert Menschen genau zur* *gleichen Zeit seine Gefühle teilen, wenn sie ihm in jeder Wendung und inneren Bewegung folgen – dann entsteht eine Gemeinschaft des Fühlens, die einzigartig ist. Unter allen menschlichen Beziehungen, die ich kenne, kommt diese der Liebe am nächsten.«*

Eine seiner letzten Arbeiten führt ihn in das wiedervereinte *Berlin*, wo er am 23. und 25. Dezember 1989 anlässlich der Feierlichkeit zum Fall der Mauer in der Philharmonie sowie im Konzerthaus Beethovens Neunte Symphonie dirigiert. Den Text der Schiller-Hymne »Ode an die Freude« ändert er in »Ode an die Freiheit« um – und sagt: »Ich bin sicher, dass Beethoven uns zustimmen würde.«

Am 14. Oktober 1990 stirbt Leonard Bernstein in seiner Wohnung im *Dakota Haus* an den Folgen eines Herzanfalls, umgeben von Familie und Freunden. Die New Yorker ehren ihn mit drei Gedenkfeiern: in der *Carnegie Hall* **10** *(▸ K4)* für den Dirigenten, am *Majestic Theater* für den Broadway-Komponisten und in der *Cathedral Church of St. John the Devine* für den Musiklehrer. Er wird unter großer Anteilnahme der New Yorker auf dem *Greenwood Cemetery* in *Brooklyn* beigesetzt.

CARNEGIE HALL **10** ▸ *K4*
881 7th Avenue, Midtown
www.carnegiehall.org
▶ Subway: 57th Street

CATHEDRAL CHURCH OF ST. JOHN THE DEVINE
1047 Amsterdam Avenue, Upper West Side
www.stjohndevine.org
▶ Subway: 110th Street, Cathedral Parkway

AVERY FISHER HALL **3** ▸ *K3*
10 Lincoln Center Plaza, Upper West Side
www.nyphil.org
▶ Subway: 66th Street, Lincoln Center

TRUMAN CAPOTE

1924–1984

Der Autor von »Frühstück bei Tiffany« ist in New York eine umstrittene Ikone. Man liebt seinen Wortwitz und fürchtet seine Sprachgewalt, die er – wie auch Norman Mailer – hemmungslos einsetzt.

Da lauert er bereits, der »kleine Rattenfänger«, und wartet auf sein Futter. Schmalbrüstig, mit dicken Brillengläsern, wie ein 14-Jähriger. So beschreibt *Gloria Vanderbilt* in ihren Memoiren den Schriftsteller Truman Capote. Nein, besonders schmeichelhaft klingt das nicht. Doch die Millionen-Erbin hat ihre Gründe. Capote hat ein Manuskript veröffentlicht, in dem sie ebenfalls nicht besonders schmeichelhaft wegkommt.

Dabei hatte alles so amüsant angefangen. Der smarte Autor ist in den 50er- und 60er-Jahren eine der schillerndsten Figuren der New Yorker Gesellschaft. Wo immer er auftaucht, schart sich eine illustre Traube um ihn. Der exzentrische Bonvivant schmeißt Bälle im *Plaza Hotel* **24** *(▸ K 4)*, manchmal verkleidet er sich, üppig mit Schmuck behangen, auch als Frau. Die High Society liebt seine Eskapaden und seinen scharfzüngigen Esprit und gewährt ihm unverhohlen Einblick in ihren Lebensstil. Doch als Capotes süffisante Kabinettstückchen 1975 zunächst im »Esquire« und spä-

Truman Capote 1959 als junger Drehbuchautor und Schriftsteller – ein Darling der besseren Gesellschaft von New York.

ter in dem Schlüsselroman »Erhörte Gebete« erscheinen, werden neben Gloria Vanderbilt auch andere reiche Erbinnen blass. Sie sind zwar nicht namentlich genannt, aber leicht zu identifizieren.

Sie hätten es besser wissen können, denn Capote, dieser scharfzüngige Menschenkenner, hat nie ein Hehl daraus gemacht, dass er ebenso gern tratscht wie alle anderen auch. In den Klatschspalten der 60er-Jahre ist er omnipräsent und in Fernsehshows ein

Die berühmte Uhr am Tiffany-Gebäude, Schauplatz im Roman »Frühstück bei Tiffany«.

gern gesehener Gast. *»Klar liebe ich Gossip und klatsche gern selbst, aber nur über die interessanten Details von hinlänglich bekannten Dingen«*, gibt er unumwunden zu.

Truman Capote, der am 30. September 1924 in *New Orleans* geboren wird und mit 17 Jahren als Aushilfe bei der »New York Times« anheuert, veröffentlicht schon als 20-Jähriger erste Kurzgeschichten. Vier Jahre später katapultiert ihn sein Debütroman »Andere Stimmen, andere Räume« in die Öffentlichkeit. Seine Sprachgewalt demonstriert er auch in seiner Eloge auf New York: *»Diese Stadt ist ein Mythos, die Zimmer und Fenster, die dampfspeienden Straßen, ein einziger Mythos, auch wenn dieser Mythos für jeden anders aussieht. Ein Götzenbild mit Ampelaugen, die dem einen freundlich grün leuchten, dem anderen zynisch rot. Diese Insel, die wie ein diamantener Eisberg gleich von mehreren Flüssen umspült wird, nenn sie, wie du willst, meinetwegen New York.«*

Dabei ist das gesellschaftliche Debüt des literarischen Wunderkinds nicht frei von Komik. Kurz nach Erscheinen seines Erstlings gibt *Bennet Cerf*, der Verleger von Random House, eine Dinner-Party. Weil ein Gast kurzfristig absagt, lädt er den jungen Romancier ein. Die Schriftstellerin *Edna Ferber* kommt als Erste, früh genug, um dem sechsjährigen Sohn der Familie Gute Nacht zu wünschen. Als der zartgliedrige Capote auftaucht, raunt sie ihrem Tischnachbarn zu: »*Schau dir das an, die Cerfs sind so erpicht auf ihre bunte Reihe, dass sie ihren Sohn in ein Dinnerjacket gesteckt haben! Als ich kam, turnte er noch im Pyjama herum.*«

1958 erscheint Capotes Bestseller »Frühstück bei Tiffany«. In dem gleichnamigen Film, der 1961 in der *Radio City Music Hall* **25** *(▸ J4)* Premiere hat, spielt zu seinem Leidwesen *Audrey Hepburn* die Hauptrolle – und nicht *Marilyn Monroe*, mit der er gut befreundet ist. Manchmal gehen die beiden in ein marokkanisches Lokal, wo Marilyn ihre Schuhe in die Ecke schmeißt und mit ihrem homosexuellen Freund auf den Tischen tanzt.

So wird Audrey Hepburn als melancholische Holly Golightly im kleinen Schwarzen zur New Yorker Film-Ikone. Und das Juweliergeschäft *Tiffany & Co.* **35** *(▸ K4)* auf der vornehmen *Fifth Avenue (▸ E4–K4)*, wohin es die kapriziöse Romantikerin treibt, wenn sie ihren Blues bekommt, profitiert von der Publicity. Seither besuchen auch Touristen den Schmuckladen mit der markanten Uhr an der Fassade. Im Erdgeschoss funkelt noch immer der unverkäufliche 128-karätige »Bird on the Rock«-Diamant aus dem Film.

KEIN GESCHENK VOM JUWELIER TIFFANY

Capote hingegen erhält »*nicht einmal einen Brief mit einem Dankeschön von Chairman Walter Hoving*«. Und schon gar keinen Nachlass auf die goldene Zigarettenbox, die er mit seiner Kreditkarte bezahlen will, in der Hoffnung, Hoving werde ihm die 1000 Dollar selbstverständlich erlassen. Doch der denkt gar nicht daran, und so gibt der gekränkte Autor die Schatulle zurück. Undankbarkeit – das kann der bekennende Snob nicht ertragen. Ebenso wenig wie den Anblick eines Bohrers, weshalb er sich beim Zahnarzt die Augen verbinden lässt. Und weil der wortgewandte Technikmuffel auch kein Schreibmaschinenband wechseln kann, hat er gleich sieben Maschinen zur Hand.

Ungeachtet seiner Exzentrik ist Capote ein blitzgescheiter, gründlich recherchierender Journalist. Als 1959 der Mord an einer Familie in *Kansas* die Öffentlichkeit erschüttert, fährt er zum Tatort und recherchiert dort sechs Jahre, wesentlicher erfolgreicher als die Polizei. Über den mehrfach verfilmten Tatsachenroman »Kaltblütig« schreibt die Autorin Rebecca West: »Das ist keine Reportage, das ist Capoteage.« Das Werk wird Capotes größter literarischer Erfolg, der ihn offensichtlich aber auch viel zu viel Kraft gekostet hat. Überdies trinkt er zuviel, nimmt Drogen, fällt in Depressionen, wenn er nicht kreuz und quer durch den amerikanischen Kontinent zieht.

TRUMAN CAPOTE WIRD PERSONA NON GRATA

Trotz der vielen Reisen kehrt der gebürtige Südstaatler immer wieder nach New York zurück. *»Ich liebe das harte Pflaster und das Geräusch, das meine Absätze auf diesem Pflaster machen, die vollen Schaufenster, die Restaurants, die 24 Stunden geöffnet haben, die Polizeisirenen bei Nacht (nicht ganz geheuer, aber immer ein Zeichen von Leben), ich liebe die Buch- und Plattenläden, in die man selbst um Mitternacht noch gehen kann. In dieser Hinsicht ist New York vielleicht die einzige echte Stadt auf der Welt…«*

Als sich ein Freund in *Brooklyn Heights* **7** *(▸ A 7)* eine geräumige Villa kauft, mietet sich Capote sofort dort ein. Die mit Glyzinien überrankte Veranda des Hauses erinnert ihn an die Südstaatenherrlichkeit seiner Jugend. Capote fühlt sich hier sofort wohl. Er hält sich einen Hund und widersteht den Bemühungen einer tierliebenden Nachbarin, ihm eine herrenlose Katze aufzuschwatzen. Allerdings ist der Autor zu diesem Zeitpunkt schon hochgradig alkohol- und tablettenabhängig.

Urbanes Leben in Park Slope in Brooklyn. In diesem Viertel wohnte Truman Capote zeitweise.

Irgendwann verlässt ihn der literarische Erfolg. Noch einmal versucht er sich an einem großen Sittengemälde, dem Roman »Answered Prayers«, »Erhörte Gebete«. Er verarbeitet persönliche und intime Erlebnisse in der High Society, die ihn über Jahre als originellen Hofnarren gehalten und geliebt hat. Und nun schlägt sein bisher scharfzüngiger Esprit in unverhohlene Bösartigkeit um. Die vorab im »Esquire« veröffentlichten Auszüge vergrätzen nicht nur die eingangs erwähnte Künstlerin und Erbin Gloria Vanderbilt, sie treiben auch die Millionärin *Ann Woodward*, die sich in Capotes Beschreibungen angeblich als Figur wiedererkennt, in den Selbstmord. Von da an gilt Truman Capote als Persona non grata. Er selbst ist physisch und psychisch am Ende. Seine Drogensucht ruft Halluzinationen hervor, Capote muss Kliniken und Sanatorien aufsuchen. Am 25. August 1984 stirbt er in Los Angeles an einer Überdosis Medikamente.

Brooklyn Heights, die Höhen von Brooklyn, bilden damals eine »kleine Oase im Einheitsgrau« des Stadtviertels, das nach seiner Blütezeit im 18. Jh. zum Auffangbecken für Immigranten und Arbeiter wird. *Brooklyn Heights* ist eine teure Wohngegend mit idyllischem Kleinstadtcharme. In den Fenstern der alten Kutschenhäuser blühen Geranien, im Herbst leuchten an jeder Ecke gelbe Laubhügel. Mütter schieben ihre Kinderwägen über die Promenade am *East River*, auf den Bänken genießen Liebespaare den Blick auf die Südspitze von Manhattan und die *Brooklyn Bridge*.

NORMAN MAILER, DIE SCHREIBENDE LEGENDE

In einem roten Backsteinhaus an der Promenade wohnte auch der Schriftsteller *Norman Mailer*. Er war nur ein Jahr älter als Capote und wurde von diesem sehr bewundert. Die beiden hatten einiges gemeinsam: Auch Mailer wurde 1948, im selben Jahr wie Capote, als junger Autor mit seinem Debütroman bekannt. 1923 als Sohn eines jüdischen Immigranten aus Litauen geboren, wächst er in Brooklyn auf. Bereits mit 16 Jahren beginnt er in Harvard sein Studium. Nach seinem Abschluss als Luft- und Raumfahrtingenieur wird er eingezogen und an die japanische Front geschickt. Seine Erfahrungen verdichtet er in dem fulminanten Kriegsroman »Die Nackten und die Toten«.

In den 50er-Jahren wohnt er in einem Loft nahe der *Manhattan Bridge*. Dort feiert er mit dem Schauspieler Montgomery Clift und dem Beatnik-Autor Allen Ginsberg berüchtigte Partys. Einmal sticht Mailer volltrunken auf seine zweite Frau ein und wird zu einer fünfjährigen Bewährungsstrafe verurteilt. Auch über seinen New Yorker Intimfeind Gore Vidal fällt der leidenschaftliche Boxer nicht nur verbal her. Der linksliberale Mailer engagiert sich gegen soziale Missstände und kandidiert als demokratischer Spitzenkandidat für den Posten des New Yorker Bürgermeisters.

Sein Wahlkampfslogan: *»Ich könnte besser schlafen, wenn Norman Mailer Bürgermeisterkandidat wäre.«* Er will die Autos aus der Stadt verbannen. Hätte es damals eine grüne Partei gegeben, Norman Mailer wäre sicher ihr Spitzenkandidat geworden.

Für den Tatsachenroman »Gnadenlos« über den Mörder Gary Gilmore und seine Hinrichtung 1977, bekommt er 1980 seinen zweiten Pulitzerpreis. Bei den Recherchen knüpft er Kontakt zu dem Häftling Jack Abbott. Mailer hilft ihm, eine Autobiographie zu veröffentlichen, außerdem setzt er sich für dessen vorzeitige Entlassung ein. Mit fatalen Folgen: Abbott ersticht in einem New Yorker Café einen Angestellten.

Mit seiner sechsten Frau verbringt er seinen Lebensabend in seinem Haus **19** *(▸ A 6)* in *Brooklyn Heights.* Unter dem Dach richtet sich der Segler einen Schreibplatz ein, der nur über Schiffsleitern zu erreichen ist. Von hier aus blickt er auf den Hafen, die hin und her kreuzenden Fähren – und auf die *Freiheitsstatue*, die in der Ferne ihre Fackel hochhält.

Norman Mailer stirbt am 10. November 2007 in New York an Nierenversagen. Er wird 84 Jahre alt.

CAPOTES WOHNSITZ
70 Willow Street, Brooklyn Heights
▶ Subway: Clark Street

MAILERS WOHNSITZ **19** ▸ *A 6*
142 Columbia Heights, Brooklyn Heights
▶ Subway: Clark Street

TIFFANY & CO. **35** ▸ *K 4*
727 Fifth Avenue, Midtown
www.tiffany.com
▶ Subway: Fifth Avenue, 59th Street

MALCOLM X

1925–1965

Der schwarze Bürgerrechtler predigt in Harlem und wendet sich zunächst der Gewalt zu. Von einer Pilgerreise nach Mekka kehrt er geläutert nach New York zurück – und wird brutal ermordet.

Wenn Puppy oder seine Angestellten vor dem Schaufenster ihres Lederwarengeschäfts in der *125th Street* den Rollladen herunterlassen, wird es bunt. »Welcome to Harlem« steht auf dem türkisfarben gestrichenen Wellblech, das ein Straßenkünstler mit Porträts geschmückt hat. Da sieht man den schwarzen Bürgerrechtler Malcolm X auf rotem Grund, gerahmt von einem Lorbeerkranz, daneben die umkränzten Gesichter von Barack Obama, Nelson Mandela und Martin Luther King. Vier Männer vereint im Kampf um soziale Gerechtigkeit. Willkommen in *Harlem*!

Ganz früher wohnten in den Straßen nördlich des *Central Parks* betuchte Weiße, später zogen Schwarze hierher. Noch in den 70er-Jahren galt es als lebensgefährlich, das Ghetto zu betreten. Heute strahlen die roten Villen am *Morningside* und *Marcus Garvey Park* wieder in altem Glanz, Stars wie Barbra Streisand haben sich hier Häuser gekauft. Harlem erlebt mal wieder eine Renaissance. Natürlich ist es nicht überall so proper.

Malcolm X, eigenlich Malcolm Little, Führer der schwarzen Bürgerrechtsbewegung in Amerika, bei einer Rede 1963.

Harlems kämpferischer Prediger Malcolm X ist noch immer präsent hier. Er ist nicht nur Namensgeber für einen Boulevard und eine Apotheke, sein schmales, bärtiges Gesicht mit der Brille ziert auch die T-Shirts der Straßenhändler. Als Malcolm Little am 19. Mai 1925 in *Omaha*, Nebraska, zur Welt kommt, steht Amerikas schwarze Bevölkerung vor einem Umbruch. Der amerikanische Bürgerkrieg 1865 hat zwar die Sklaverei abgeschafft, aber

Noch heute ist Malcolm X in Harlem präsent, hier auf dem Rollladen eines Lederwarengeschäfts.

nicht die Diskriminierung der Schwarzen. Viele von ihnen sind nach ihrer Befreiung voller Hoffnung in die Städte des Nordens geströmt. Doch auch in New York, Detroit oder Chicago kommen sie nicht aus ihren Ghettos heraus. In den Südstaaten kommt es immer wieder zu rassistischen Übergriffen. Rechtsradikale Farmer rotten sich im Ku-Klux-Klan zusammen, um Schwarze zu drangsalieren, ihre Häuser anzuzünden oder sie zu ermorden.

Malcolms Vater *Earl Little*, ein Baptistenprediger, engagiert sich für die »Universal Negro Improvement Association«, eine Bürgerrechtsbewegung, die Marcus Garvey, ein Immigrant aus Jamaika, in *Harlem* ins Leben gerufen hat. Auch seine Mutter *Louise*, die Tochter eines Schotten und einer Schwarzen, schreibt Beiträge für Garveys Zeitung »The Negro World.« Es geht ihnen um eine Verbesserung ihrer Lebensumstände. Von radikalen Ideen, wie sie später ihr Sohn vertreten wird, sind sie weit entfernt.

Als Malcolm sieben Jahre alt ist, wird sein Vater unter mysteriösen Umständen in *Michigan* von einer Straßenbahn überfahren. Die Nachbarn glauben an ein Attentat. Unter dem Druck, ihre acht Kinder allein durchzubringen, bricht die Mutter psychisch zusammen und kommt in eine Nervenheilanstalt. Malcolm und seine Geschwister wachsen in Waisenhäusern und bei getrennten Pflegefamilien auf.

Der junge Malcolm ist ein aufgeweckter Schüler, der zum Klassensprecher gewählt wird und durch hervorragende Leistungen auffällt. Seine Mitschüler nennen ihn »Red« wegen seiner roten Haare – ein Erbe des schottischen Großvaters – oder »Harpy«, weil er wie der Raubvogel Harpyie alles verschlingt, was ihn interessiert. Doch schon bald wird sein Lerneifer brutal abgewürgt. Als er seinem Lieblingslehrer erzählt, dass er später Jura studieren möchte, fertigt ihn dieser mit der unwirschen Bemerkung ab, dass ein schwarzer Junge an der Universität nichts zu suchen habe. Für den Heranwachsenden ein Schock, der lange nachwirkt.

DAS GEFÄNGNIS WIRD SEINE UNIVERSITÄT

Malcolm beendet die Schule, verzichtet auf eine Ausbildung und zieht zu seiner älteren Halbschwester nach *Boston*. Dort schlägt er sich mit Gelegenheitsjobs durch. Er kellnert eine Weile in *Harlem*, das damals wegen seiner Jazz-Szene als Mekka der Schwarzen gilt – und gerät bald auf die schiefe Bahn. Er dealt mit Drogen und Alkohol und wird nach einem Einbruch zu einer Haftstrafe verurteilt. Mit 20 Jahren landet er im Gefängnis. Es ist, wie sich bald herausstellt, seine große Chance. Angeregt durch einen älteren Gefangenen, der das Potenzial des intelligenten Mithäftlings erkennt, fängt er an zu lesen, verschlingt wie ein Besessener alle Bücher, die ihm in die Hände kommen: Enzyklopädien, Fremdwörterbücher, Fachliteratur über Recht und Geschichte. Die Zelle wird Malcolms Universität. Er nimmt seine Ausbildung jetzt selbst in die Hand.

Zugleich tritt er der »Nation of Islam« bei, einer moslemischen Organisation, die für eine radikale Rassentrennung und Selbstbestimmung der Schwarzen eintritt. Der spirituelle Anführer der »Black Muslims«, *Elijah Muhammad*, wird für Malcolm zu einer Art Ersatzvater. Nach seiner Haftentlassung zieht der 27-jährige Malcolm 1952 nach *Detroit* und wird zu dessen Sprecher. Wie alle seine Glaubensbrüder ersetzt er seinen Nachnamen fortan durch ein X, ein Symbol für den Verlust seiner afrikanischen Identität während der Sklavenschaft. Der hochgewachsene, zornige junge Mann profiliert sich rasch als überzeugender Rhetoriker und charismatischer Prediger. Er gründet den Tempel Nr. 7 in *Harlem* und verschafft der »Nation of Islam« vor allem bei den frustrierten schwarzen Jugendlichen in den Ghettos einen enormen Mitgliederzuwachs. Durch seine starke Medienpräsenz ist er bald populärer als sein spiritueller Führer.

Auch der junge *Earl Harley* ist ein begeisterter Anhänger von Malcolm X. Ein halbes Jahrhundert später steht er plötzlich vor einer Schwarz-Weiß-Fotografie im *Schomburg Center* und bricht in Tränen aus. Harley, der heute in der *116th Street* handgefertigte Gürtelschnallen verkauft, hat sich auf einem Foto von 1961 wieder erkannt, das die Zuhörer einer Kundgebung zeigt. Das Bild hängt in einer Ausstellung, die das Institut zur Erforschung der afro-amerikanischen Geschichte zusammengestellt hat. *»Ich gehörte zu seinem Tempel in Harlem. Malcolm hat uns dazu aufgerufen, fair und ehrlich zu sein und stark und selbstbewusst aufzutreten«*, erinnert sich Harley gerührt.

Malcolm X will seine schwarzen »Brüder« aufrütteln, die Heuchelei der Weißen nicht länger hinzunehmen und sich endgültig aus ihrer Unterdrückung zu befreien. Notfalls auch mit Gewalt.

Moschee am nach dem spirituellen Führer benannten Malcolm-X-Boulevard in Harlem.

Es könne nicht sein, dass der Ku-Klux-Klan schwarze Kinder massakriere, während die Schwarzen zum Stillhalten gezwungen seien. *»Man muss dumm sein, um Menschen zu lieben, die uns so behandelt haben, wie dies die Weißen bislang tun«*, sagt er mit Blick auf *Martin Luther King*, der zur gleichen Zeit im Süden mit gewaltfreien Demonstrationen und Streiks für schwarze Bürgerrechte streitet.

Für Malcolm X und seine radikalen »Black Muslims« ist King ein »Onkel Tom«, der sich noch immer nicht von seiner Abhängigkeit gelöst habe. *»Ein Junkie kommt auch erst von seiner Sucht los, wenn er seine eigene Lage klar erkennt.«* Kings berühmter Rede »I Have a Dream« vom friedlichen Zusammenleben aller Rassen von 1963 hält Malcolm X harsch entgegen, dass der amerikanische Traum für die meisten Schwarzen ein Albtraum sei. Doch schon bald beginnt sich auch Malcolm von seinem spirituellen Führer zu lösen. Als er herausfindet, dass Elijah Muhammad entgegen der Lehre des Propheten außereheliche Affären hat und dies vor seinen Glaubensbrüdern verschleiert, geht er auf Distanz.

Der entscheidende Wendepunkt kommt nach einer Pilgerreise nach *Mekka* und *Nordafrika*. Während seiner Hadsch hat der fromme Muslim erlebt, wie Menschen unterschiedlicher Hautfarbe friedlich miteinander auskommen. Er trennt sich von den »Black Muslims«: Deren Gewaltbereitschaft, Intoleranz und Haltung gegenüber Frauen seien mit den Lehren des Koran unvereinbar. *»Ich habe in der heiligen Stadt Mekka Pilger aller Hautfarben aus allen Teilen der Welt getroffen, und ich bin tief beeindruckt vom Geist der Einheit und der Brüderlichkeit, den ich dort erfahren habe. So einen Zusammenhalt habe ich während meines ganzen Lebens in Amerika noch nie gesehen«*, erklärt er öffentlich.

Im Frühjahr 1964 gründet Malcolm X mit der »Muslim Mosque Incorporated«, später der »Organization of Afro-American Unity« (OAAU), seine eigene Bewegung. *»Jetzt kann ich frei entscheiden, mit wem ich künftig zusammenarbeiten möchte, um das Rassenproblem zu lösen«*, verkündet er und deutet damit seine Bereitschaft zum Dialog mit Martin Luther King an, der im selben Jahr mit dem Friedensnobelpreis ausgezeichnet wird. Der »Civil Rights Act« von 1964 hebt die Rassentrennung endgültig auf. Die Annäherung zwischen den beiden populären Führern der schwarzen Bürgerrechtsbewegung scheint in greifbare Nähe gerückt.

ATTENTAT IM AUDUBON BALLROOM

Doch Malcolm X wird mittlerweile nicht nur vom FBI observiert, er ist auch in die Schusslinie seiner früheren Anhänger geraten. Im Februar 1965 verüben Unbekannte einen Brandanschlag auf sein Haus in *East Elmhurst*. Malcolm, seine schwangere Frau *Betty Shabazz* und ihre gemeinsamen Töchter können unversehrt entkommen.

Eine Woche später, am 21. Februar 1965, will Malcolm X im *Audubon Ballroom* eine Rede halten, als drei Männer im Zuhörerraum eine Rauchbombe zünden. Die Leibwächter, die Malcolm X beschützen sollen, werden abgelenkt, die Attentäter stürmen das Podium und durchsieben den 39-Jährigen mit 21 Kugeln. Einer der Attentäter, ein »Black Muslim« namens *Thomas Hagan*, gesteht den Mord und wird zu einer lebenslangen Freiheitsstrafe verurteilt; er kommt am 27. April 2010 auf Bewährung frei. Mittlerweile wird der Verdacht diskutiert, ob nicht auch das FBI die Tat zumindest geduldet haben könnte. Der *Audubon Ballroom* gehört heute zur *Columbia Universität*, die dort eine Gedenkstätte für Malcolm X eingerichtet hat.

Tausende kommen zur Beerdigung von Malcolm X. Darunter auch die damals achtjährige Alethia Ford, die später als Verkäuferin bei Bloomingdale's 5 *(▸ K5)* arbeitet. Sie erinnert sich: »*Die Menschen standen um den ganzen Block herum in einer langen Schlange an, um persönlich Abschied zu nehmen. Sein Tod hat uns sehr erschüttert, aber ich trage seine Lehre noch heute in meinem Herzen.*«

AUDUBON BALLROOM/MALCOLM X AND DR. BETTY SHABAZZ MEMORIAL AND EDUCATIONAL CENTER
Broadway at 165th Street, Harlem
www.theshabazzcenter.net
▶ Subway: 168th Street

MALCOLM X BOULEVARD
Harlem
▶ Subway: 125th Street

SCHOMBURG CENTER FOR RESEARCH IN BLACK CULTURE
515 Malcolm X Boulevard, Harlem
www.schomburgcenter.org
▶ Subway: 135th Street

ANDY WARHOL

1928–1987

Der schrullige und überaus schüchterne Grafiker ist der erfolgreichste Popkünstler – ein genialer Selbstvermarkter. New York ist sein Experimentierfeld, seine Inspirationsquelle und Verkaufsplattform.

Wer vom *Flatiron Building* (▸ *F4*), einem sinnlich geschwungenen Hochhaus, die letzten hundert Meter des *Broadway* **6** (▸ *F4*) Richtung Downtown schlenderte, dem blitzte bis Mai 2012 ein silberner Reflex entgegen. Es war der Rücken von Andy Warhol, der am *Union Square* **40** (▸ *F4*) einen glamourösen Auftritt hat: Glitzernd und aufrecht stand er da, sein Markenzeichen, die quadratische Einkaufstüte in der Hand. Der *Broadway* mündet hier als schmale Fußgängerzone in den *Union Square*, den zentralsten Platz von *Manhattan*. Ein angenehmer, urbaner Ort, an dem die Menschen im Sommer zwischen Bananenstauden im Freien sitzen und sich eine kurze Auszeit vom Großstadttrubel gönnen. Wenn dann am Abend Dampf aus einem Subway-Schacht hochwaberte, war die drei Meter hohe silbrige Figur, ein temporäre Installation des Künstlers Rob Pruitt, in ein nebliges Nirwana gehüllt.

Schon als Siebenjähriger wünscht sich Warhol nichts sehnlicher als einen Filmprojektor. Auch für das Kino schwärmt der

Der Pop-Art-Künstler Andy Warhol im Hollywood-Film »Heat« von 1972. Warhol war einfach überall präsent.

schüchterne, blasse Junge. Leidenschaftlich sammelt er die signierten Hochglanzfotos der Filmstars. Er ist fasziniert von der Welt der Reichen, die so fern ist von der eigenen Wirklichkeit. Andy Warhol wächst als dritter Sohn in einem Pittsburgher Arbeiterhaushalt auf. Zu Hause wird »Russinisch«, eine Mischung aus Ungarisch und Ukrainisch, gesprochen. Die Eltern, *Ondrej Warhola* und *Julia Zavacky*, stammen aus den *Karpaten* und gehö-

Die temporäre Installation »The Andy Monument« von Rob Pruitt stand bis Mai 2012 vor Warhols letzter Factory, dem Decker Building.

ren der ruthenischen Kirche an, einer der griechisch-katholischen Kirche nahestehenden Gemeinde. Als der Vater seinen Job verliert, stanzt die künstlerisch begabte Mutter aus Dosen Blechblumen aus und verkauft sie. *»Sie war eine wunderbare Frau und eine wirklich gute und genaue Künstlerin, wie die Primitiven«*, erinnert sich der Sohn, der Jahre später mit Campbell's Suppendosen die Kunstwelt provozieren wird.

Vorerst studiert er Grafik am *Carnegie Institute of Technology* und jobbt als Schaufensterdekorateur in einem Pittsburgher Kaufhaus. Er trägt schwarze Rollkragenpullover, die seine bleiche Haut und seine markante rote Nase betonen und bekommt den Spitznamen »Andy the rednosed Warhola«. 1947 reist er als Bildredakteur der Studentenzeitschrift »Cano« zum ersten Mal nach New York – und ist sofort begeistert. Bei seinem zweiten Besuch im darauffolgenden Jahr feiert Manhattan gerade *Truman Capotes*

Romandebüt »Andere Stimmen, andere Räume«. Andy ist fasziniert von dem Dandy, der so locker mit der Society verkehrt. Capote wird sein Vorbild, ihm wird er Zeichnungen widmen und die Bücher illustrieren.

Nach seinem Studienabschluss zieht er im Sommer 1949 nach New York. In der boomenden Kunstszene findet er das perfekte Milieu, um zielstrebig und mit strategischem Gespür seine Talente zu entfalten. Anfangs wohnt er mit einem Freund am flippigen *St. Mark's Place* **31** *(▸ E 6)*, später bei der Tanztherapeutin *Francesca Boas* in einer Fabriketage in *Chelsea*. Rasch bekommt Andy Warhol Aufträge von Modemagazinen wie »Glamour«, »Vogue« und »Harper's Bazaar«. In ausgelatschten Turnschuhen und Baumwollhosen besucht er die Redaktionen und verblüfft seine Auftraggeber mit perfekt ausgearbeiteten Illustrationen, die er in einer Papiertüte herumträgt. »Reich denken, arm aussehen«, lautet seine Devise. Warhol übernimmt Jobs als Grafiker, Art-Director und Buchillustrator und wird bald mit Branchenpreisen ausgezeichnet.

ER IST SKURRIL, SÜSS UND SEHR SCHÜCHTERN

Privat hält er sich zurück, ist eher wortkarger Voyeur denn Akteur. 1950 zieht er vorübergehend in eine Wohngemeinschaft in der *103rd Street*, in der viele Schwule leben. Seine Mitbewohner beschreiben ihn als *»skurril, entrückt, süß und bezaubernd – aber schrecklich schüchtern«*. Noch hat er nicht den Mut, sich zu seiner Homosexualität zu bekennen, die Anfang der 50er-Jahre in den USA verboten ist, was die Szene in den Untergrund treibt. Zudem ist sein Selbstbewusstsein wegen einer Pigmentstörung und seines dünnen Haars nur schwach ausgeprägt. Vermutlich auch deshalb vermeidet er körperliche Kontakte und zieht sich auf Partys auf die Rolle des schweigsamen Beobachters zurück. *»Obwohl Andy manchmal scheu und geistesabwesend war, wollten sich alle mit ihm* *unterhalten. Er hörte einfach nur zu und gab keine Kommentare ab, hatte nicht viel zu bieten, und trotzdem mochten ihn alle. Er hatte massenhaft Freunde, weil er immer irgendwie anders war. Immer sagte er etwas Unerwartetes, wie ein unschuldiges Kind, und das faszinierte die Leute«*, erinnert sich sein Assistent *Vito Giallo.*

1957 unterzieht er sich einer Schönheitsoperation und trägt fortan helle Perücken und dunkle Sonnenbrillen. Sein exzentrischer Look wird zum Markenzeichen. Er arbeitet viel und geht nachmittags auf einen Frozen Banana-Cake ins Künstlercafé *Serendipity 3* **29** *(‣ K5).* Das bunt dekorierte Puppenstuben-Café, in dessen Schaufenster Kitsch und Kitsch um Aufmerksamkeit wetteifern, zieht noch heute Gäste an. Hier stellt er im Dezember 1956 seine Zeichnungen »Drawings for a Boy-Book by Andy Warhol« aus.

Warhol lebt nun an der Ecke *75th Street* und *3rd Avenue* mit seiner Mutter Julia zusammen. Sie führt seinen Haushalt. Weitere Mitbewohner: ein Haufen Katzen, die »Sam« heißen. Anfang der 60er-Jahre kauft er in der *Lexington Avenue* sein erstes Haus. Seine Mutter Julia wird bis zu ihrem Tod bei ihm wohnen.

Die Zeit ist allmählich reif für eine Weiterentwicklung, das kulturelle Klima günstig. New York ist mit Riesenschritten dabei, Europa als Trendsetter zu überholen. Amerikanische Maler wie *Jasper Johns* und *Robert Rauschenberg* stellen ihre Werke in *Leo Castellis* berühmter Galerie aus und etablieren eine neue Kunstrichtung: die Pop-Art. Warhol profitiert nun von seinen prominenten Party-Kontakten. Er verlagert seinen Schwerpunkt auf Film und bildende Kunst und arbeitet sich zielstrebig an die Spitze der neuen Avantgarde. In seinen Factorys, riesigen Ateliers in wechselnden Fabriketagen, versammelt er Künstler, Freaks, Prominente und Underdogs zu einer Art Familie um sich. Ein bunter Haufen, der exzessive Partys feiert, mit Drogen und Kunst experimentiert. In der legendären *Silver Factory (‣ J4)* auf der *47th*

Warhols berühmt gewordene »Campbell's Soup Cans« in 32 Geschmacksrichtungen hängen heute im Museum of Modern Art.

Street finden legendäre Happenings statt, die Türen stehen jederzeit offen. *»Beruflich kam ich gut voran. Ich hatte mein eigenes Atelier, und ein paar Leute arbeiteten für mich, und es hat sich so ergeben, dass sie auch in meinem Atelier wohnten. In dieser Zeit lief alles locker und flexibel. Die Atelierleute waren nachts wie tags da. Und die Freunde von den Freunden: Es lief ständig Maria Callas, und überall waren jede Menge Spiegel und massenhaft Alufolie.«*

Warhol hat eine Vorliebe für die Farbe Silber und kleidet seine Wände mit Silberfolie aus. Später wird er in Galerien silberne Luftkissen vor Kuhtapeten schweben lassen. Auch die Diskothek *Dom*, die er in *St. Mark's Place* **31** *(▸ E5)* im *Greenwich Village* für Performances mietet, bringt Warhol zum Glitzern. Zu Warhols wachsender Entourage gehören nun auch junge Frauen aus Manhattans »Upper Class«, die was Verrücktes erleben wollen. Die glamouröse *Edie Sedgwick*, eine androgyne, Hermelin tragende Schönheit, wird zu einer Art weiblichem Alter Ego von Andy Warhol und zur Ikone eines Underground-Films, den er im Künstlerhotel *Chelsea* **11** *(▸ G 3)* dreht.

Warhol widmet sich jetzt Objekten des täglichen Lebens. »*Ich male ganz einfache Dinge, die ich schon immer schön fand, Dinge, die man täglich benützt und über die man nie nachdenkt. Ich arbeite jetzt gerade an Suppen … Ich mache es, weil es mir gefällt*«, erläutert der Künstler 1962 in einem Interview. Auf dem Zeitungsfoto posiert er vor dem riesigen Bild einer Suppendose, während er aus einer Campbell's Can Suppe löffelt. Im April 1964 stehen die Besucher seiner Ausstellung verblüfft vor dem vermeintlichen Warenlager eines Supermarkts: Kartons der Lebensmittelmarken Brillo, Campbell und Heinz stapeln sich bis unter die Decke.

MIT SUPPEN UND COCA COLA WIRD ER REICH

Warhols scheinbar profane Coca-Cola-Flaschen und Dollar-Noten, Symbole des amerikanischen Lebensstils, werden rasch zu den Inkunabeln der Pop-Art. Er reiht sie aneinander, druckt Serien und stilisiert damit die Kopie zum Markenzeichen der Massenkultur. Bald ist ein Bild mit gemalten Dollarscheinen das Tausendfache der echten Geldnoten wert. Warhol wird zur Ikone der Pop-Art, seine Siebdrucke von *Marilyn Monroe* dürften zu den am meisten reproduzierten Werken der Kunstgeschichte zählen.

1968 zieht Andys Factory in das *Decker Building* **12** *(▸ F 4)* am Union Square West 33. Im eleganten Ambiente seines exklusiv möblierten Lofts ist Schluss mit Sex und Exzessen. Warhol eröffnet eine Firma für den Vertrieb seiner Siebdrucke und mutiert vom Underground-Künstler zum erfolgreichen Unternehmer. Am 3. Juni 1968 verübt *Valerie Solanas* ein Attentat auf den Künstler. Die Schauspielerin, die in einem radikal-feministischen Manifest zur »Zerstückelung von Männern« aufruft, hat in einem seiner

Filme mitgespielt und fühlt sich ausgebeutet. Sie lauert ihm vor der *Factory* auf und schießt drei Mal auf Warhol, der schwer verletzt ins Krankenhaus gebracht wird. Solanas wird zu drei Jahren Haft verurteilt, die sie in einer psychiatrischen Anstalt absitzt.

Warhol, der das Leben bisher nicht sehr ernst genommen hat, schottet sich von nun an stärker von der Öffentlichkeit ab. Er kommerzialisiert seine Kunst, bemalt Autos von BMW oder Mercedes-Benz und wird reich. Er gründet die Zeitschrift »Interview«, die mit ihrer Klientel schonungslos umgeht. Aus dieser Zeit soll auch Warhols Spruch stammen: *»Zukünftig wird jeder Mensch für fünfzehn Minuten berühmt sein.«* Und er trifft den deutschen Künstler *Joseph Beuys*, dem er neun Siebdrucke widmet, die 1980 in der Ausstellung »Joseph Beuys by Andy Warhol« in *Neapel* gezeigt werden.

Am 22. Februar 1987 stirbt Andy Warhol völlig überraschend nach einer Gallenblasenoperation im New York Hospital. Sein plötzlicher Tod wurde nie aufgeklärt.

FACTORY IM DECKER BUILDING **12** ▸ *F4*
Union Square West 33, Gramercy Park
▶ Subway: 14th Street, Union Square

ST. MARK'S PLACE **31** ▸ *E5*
East Village
▶ Subway: Astor Place

SERENDIPITY 3 **29** ▸ *K5*
225 East 60th Street, Upper East Side
▶ Subway: Lexington Avenue, 59th Street

WHITNEY MUSEUM OF AMERICAN ART
(zahlreiche Werke von Andy Warhol)
945 Madison Avenue, Upper East Side
www.whitney.org
▶ Subway: 77th Street

TOM WOLFE

geb. 1931

In seinem brillanten Roman »Fegefeuer der Eitelkeiten« von 1987 beschreibt er die Gier und den Größenwahn der Wall Street. Eine Sozialskizze, die nichts an Sprengkraft verloren hat.

Fast hätte er seine New Yorker Karriere als promovierter Laufbursche begonnen, beim Boulevardblatt »Daily News«, für 50 Dollar wöchentlich, was selbst Ende der 50er-Jahre ein unverschämter Hungerlohn ist. Keine besonders prickelnde Aussicht nach zehn Jahren an der Elite-Universität *Yale*, aber wenigstens ein Einstieg. Erstens bei einer Tageszeitung – und da will er hin, unbedingt – und zweitens in New York, der Stadt aller Städte. Nach dem Vorstellungsgespräch hört er einen der Redakteure lachen: »Jetzt haben wir hier einen promovierten Kopierjungen.« Das war's dann. Von solchen Schnöseln will er sich nicht herumscheuchen lassen. »Hey Doc, hol mir mal 'nen Kaffee!« No way! Dann doch lieber erst einmal Provinz.

Sechs Jahre später ist es geschafft. 1962 hat der aus *Richmond* in Virginia stammende Journalist genügend Erfahrungen bei der »Springfield Union« und der »Washington Post« gesammelt. Jetzt ist er gewappnet für New York, die aufregendste Metropole der Welt! Nach einer Abschiedsparty am Abend zuvor landet Wolfe,

Der gefeierte Bestsellerautor Tom Wolfe 2005: längst hat sich der Junge aus den Südstaaten in New York eingelebt.

der eigentlich Thomas Kennerly Wolfe jr. heißt, hundemüde, aber glücklich in der Stadt seiner Träume. Er fühlt sich sehr romantisch, reckt seine Faust zu den Wolkenkratzern hoch und jubelt: »Jetzt krieg ich dich!« Sein erstes Frühstück nimmt er nicht bei *Tiffany* **35** *(▸ K4)* ein, sondern in einem billigen Coffeeshop. Kaffee, Eier und Schinken, alles gleich gelblich, holt er sich aus dem Automaten. Er fühlt sich großartig als einsamer Cowboy in der großen Stadt.

The New York City Subway: Tom Wolfe hat sie als lebensgefährlich beschrieben, heute ist sie um einiges sicherer geworden.

Auf dem Weg zur Redaktion trifft er zufällig eine alte Bekannte aus der Heimat, die ihn zu einer Party einlädt, die am selben Abend in einer Wohnung am *Central Park* stattfindet. Die Gäste, die Musik – alles brasilianisch, viel Alkohol, viel Gefühl, schnelle Verbrüderung. »*Und aus war es mit meiner romantischen Vorstellung, mich heldenhaft und allein durch den New Yorker Großstadtdschungel zu schlagen*«, erinnert sich Tom Wolfe selbstironisch. »*Ähnlich ernüchternd ging es dann weiter. In den nächsten Monaten stellte ich fest, wie unromantisch es ist, in einer vollen U-Bahn eingeklemmt zu sein.*« Wenigstens sind die im New York der 60er-Jahre noch vergleichsweise sicher, und selbst die Bronx, die Wolfe 20 Jahre später als Vorhof zur Hölle beschreiben wird, ist für weiße Greenhorns noch gefahrlos zu betreten.

Beim »Herald Tribune« ist Wolfe für die Spätschicht von 14 bis 22 Uhr eingeteilt. So kann er ausschlafen und nach Redaktionsschluss ins Nachtleben starten. Im Gegensatz zu seinen Kollegen, die mit ihren Familien in einem Vorort wohnen und sich beeilen müssen, an der Grand Central Station den letzten Zug zu erwischen, wohnt er in Manhattan am *Gramercy Park (▸ G 4)*. Ein paar Blocks weiter, in der 7th Avenue, findet er einen Italiener, der ihm bis drei Uhr morgens Pizza serviert.

Aber die Großstadt hält auch Fallen bereit für den Provinzler aus dem verschlafenen *Richmond*, das die meisten Amerikaner nur wegen seiner Tabakindustrie kennen. Eines Abends steigt der junge Großstadtreporter in ein Taxi. Unterwegs stellt er fest, dass er nur ein paar Münzen dabei hat – insgesamt einen Dollar und einen Cent. Also nimmt er sich vor, den Fahrer beim Kilometerstand von 85 Cent zu stoppen. So kann er ein anständiges Trinkgeld geben und den Rest des Weges zu Fuß gehen.

Doch dann verpasst er den Moment, der Tachometer springt auf 90 Cent. Nun ist alles egal, denkt er sich und lässt den gelben Wagen bis zum exakten Stand von einem Dollar weiterfahren. Dann kramt er seine Münzen aus der Hosentasche, drückt sie dem Fahrer in die Hand und verschwindet rasch in der Einbahnstraße. Geschafft, denkt er in naiver Verkennung der Mentalität eines New Yorker Taxlers. Der setzt blitzschnell rückwärts, bis er den geizigen Fahrgast eingeholt hat. Dann schmeißt er ihm die Münzen ins Gesicht und gibt Gas. Kleinlaut kriecht Wolfe über das nasse Straßenpflaster und sammelt seine Cents wieder ein.

DANDY IM WEISSEN ANZUG MIT HUT UND STOCK

20 Jahre später hat sich Tom Wolfe in New York bestens eingelebt. Inzwischen trägt er obligatorisch weiße Anzüge, dazu den gleichfarbenen Hut und Spazierstock, den typischen Sonntagsstaat eines Plantagenbesitzers seiner Heimat, mit dem ostentativen Stolz eines Mannes, der sich längst eine eigene Kleiderordnung leisten

kann – für Wolfe eine mehr als snobistische Kluft: ein Alleinstellungsmerkmal.

In der Tat hat er sich als Journalist einen Namen gemacht. Zusammen mit *Norman Mailer*, seinem Intimfeind, *Truman Capote*, *Hunter S. Thompson* und *Gay Talese* begründet Wolfe den »New Journalism«. Einen literarischen, subjektiv geprägten Reportagestil, der Recherche und romanhaften Erzählstil miteinander verbindet, und intelligent, spannend und unterhaltsam informiert. Mit seinem ersten Buch »Das bonbonfarbene, tangerinrot-gespritzte Stromlinienbaby« dokumentiert Wolfe die LSD-Trips der 60er-Jahre und den Flirt der Boheme mit der Black-Power-Bewegung. Mit seinem New York-Roman »Fegefeuer der Eitelkeiten«, einer brillanten Schilderung der allgegenwärtigen Gier in einer auseinanderdriftenden multikulturellen Gesellschaft, trifft Wolfe Ende der 80er den Nerv der Zeit. Die »New York Times« widmet nun dem verhinderten Kopierjungen eine Cover-Story.

Das Buch wird zunächst als Episodenstory im »Rolling Stone« veröffentlicht und später von *Brian de Palma* – leider sehr mittelmäßig – verfilmt. Im »Fegefeuer der Eitelkeiten« schildert Wolfe scharfsinnig und beklemmend die gesellschaftspolitschen Verhältnisse der Stadt. Mit feinem Gespür für ihre Menschen seziert er die ethnischen Milieus und Mentalitäten: die privilegierten weißen, anglo-sächsischen Protestanten (WASP), die grobschlächtigen irisch-katholischen Cops, ehrgeizige jüdische Staatsanwälte, bigotte schwarze Prediger und eine sensationslüsterne Meute von Boulevardjournalisten. Der Großstadt-Reporter Wolfe verschont nichts und niemanden. Er entlarvt die trügerische Selbstüberschätzung der Alphatiere an der *New York Stock Exchange* **20** *(▸ B 4)* in der *Wall Street* ebenso wie die Habgier der Habenichtse in der *Bronx*. Jeder kämpft mit seinen eigenen Mitteln um ein Stück vom großen Kuchen. Es ist derselbe uralte Konflikt um Kapitalismus

Der Sitz des Geldes und Größenwahns: Die Wall Street, von Tom Wolfe brillant dargestellt.

und Klassenkampf, der 2011 im *Zuccotti Park* 44 *(▸ B4)* die nach mehr Gerechtigkeit schreienden Aktivisten der »Occupy Wall Street«-Bewegung auf den Plan rufen wird.

Im Zentrum der Story steht der Börsenmakler Sherman McCoy, ein Broker mit »aristokratischem Kinn« und einem sündhaft teuren Apartment in der exklusiven *Park Avenue (▸ J5)*, für das er sich bei den Banken hoch verschuldet hat: vier Meter hohe Decken, Marmorboden, ein eigener Trakt für das Personal. Neben dem obligatorischen Doorman und einer »makellos ausgemergelten« Ehefrau hält sich McCoy auch einen Hund, mit dem er abends Gassi geht und dabei die Gelegenheit nutzt, seine Geliebte anzurufen.

Kurzum: McCoy, reich, erfolgsverwöhnt und selbstverliebt, hält sich für einen »Master of the Universe«. Selbst seine kleine Tochter Campbell dient ihm noch als Accessoire für glanzvolle öffentliche Auftritte: »Ein vollkommenes Engelchen in Privatschuluniform«, das er, »der Vater des Engelchens, ein vielseitig begabter Mann«, frühmorgens zum Schulbus bringt und sich dabei in den bewundernden Blicken der Fußgänger, Autofahrer und Society-Mütter sonnt. In dieses arrivierte Upper East Side-Leben bricht unvermittelt das andere New York in seiner krassesten Form ein: die *Bronx*. Als sich McCoy eines Abends zufällig dorthin verfährt, landet er in einem Großstadtschungel mit eigenen Gesetzen. Er wird der Fahrerflucht angeklagt, von einer Meute korrupter Politiker, Prediger und Sensationsjournalisten gehetzt und schließlich in der *Bronx* vor Gericht gestellt. Dort, wo schwarze Ghetto-Kids im »Pimp Roll«, dem Zuhältergang, auf vibrierenden Gummisohlen durch den Saal schlendern und hilflosen, jüdischen Unterstaatsanwälten ihre Coolness demonstrieren.

TRUMP GLEICHT DEN FIGUREN WOLFES

Der Gefangenentransporter, der ihn in das Gericht fährt, wird gelenkt von einem fetten, gedrungenen, dunkelhäutigen Fahrer, »in irgendso einem grau-schmerbäuchigen Alter«. Selbst dieser arme »Staatdienst-Lebenslängliche« scheint inzwischen fast so etwas wie Mitleid mit dem unschuldig Angeklagten zu haben. Mit dem »ureigenen Achselzucken der Straßen von New York« – Schultern hoch, Handflächen nach oben, die Mundwinkel nach unten – zeigt er seine eigene Hilflosigkeit. Es war, schreibt Wolfe, *»der uralte New Yorker Schrei nach Erbarmen, unwiderlegbar und unbestreitbar«*.

»Fegefeuer der Eitelkeiten«, der spannendste New York-Roman des 20. Jh., liest sich wie eine soziologisch-phänomenologische Studie, nur ungleich lebendiger und eindringlicher. Doch egal, ob unter den Wall-Street-Hyänen oder in der *Bronx*: Die Stadt kommt einem überall hart vor. Die Subway zu benutzen, war wie *»freiwillig in ein Verlies hinabzusteigen … Rußiger Beton und schwarze Gitter überall, Käfig hinter Käfig, Stockwerk auf Stockwerk, ein durch schwarzes Gitter erblicktes Delirium in jeder Richtung. Jedes Mal, wenn ein Zug in die Station hinein- oder herausfuhr, gab es ein ohrenbetäubendes, metallisches Kreischen, als würde irgendein riesiges Stahlskelett durch einen Hebel von unvorstellbarer Kraft auseinandergerissen«*.

Auch wenn die New Yorker U-Bahn seither sicherer geworden ist, an ihren Geräuschen hat sich nicht viel geändert. Und Männer wie McCoy gibt es heute nicht nur an der *Wall Street* **42** *(▸ B 5)*. Einer der modernen »Master of the Universe« ist *Donald Trump*, der weltberühmte Selfmademan, der stets auch makellos ausgemergelte Frauen ehelicht. Auch dieser weltweit tätige Immobilien-Tycoon stellt seinen Reichtum gern zur Schau. Sein *Trump Tower* **38** *(▸ K 4)* auf der *Fifth Avenue (▸ E 4–K 4)*, ein glitzerndes, messingglänzendes Monument der Macht, verkündet aus unzähligen ineinander verspiegelten Spiegeln: »Look, I have made it!« Ich habe es geschafft!

Es gibt aber auch Unterschiede: Während sein Alter Ego McCoy das Haar glatt nach hinten kämmt und seine graublauen Kammgarnanzüge in England maßanfertigen lässt, lässt Trump, Jahrgang 1946, seine schüttere und auffällig blonde Mähne tief in die Stirn hängen und verkauft im Tower seine eigene bunte Krawattenkollektion. Derweil schnürt Tom Wolfe, der unbestechliche Beobachter, wie ein in die Jahre gekommener Dandy mit Hut und Stock durch die Stadt, stets die schillernde Faszination von New York und dessen Verderben im Blick.

NEW YORK STOCK EXCHANGE, WALL STREET **42** ▸ *B 4*
Downtown
▶ Subway: Wall Street

TRUMP TOWER **38** ▸ *K 4*
725 Fifth Avenue/56th Street, Midtown
www.trumponline.com
▶ Subway: Fifth Avenue, 59th Street

ZUCCOTTI PARK **44** ▸ *B 4*
Zwischen Broadway, Liberty Street, Cedar Street, Trinity Place
Downtown
▶ Subway: Wall Street

WOODY ALLEN

geb. 1935

Der geniale Autor, Schauspieler und Regisseur führt uns durch sein New York. Wir erleben die unverstellte Sichtweise eines auf Frauen fixierten Neurotikers, der mindestens genauso irre ist wie seine Stadt.

»*Für mich ist New York immer der Ort der Verzauberung, der Erregung und der Lebensfreude. Ich möchte nirgendwo anders leben*«, sagt Woody Allen – und spricht uns aus der Seele. Würden wir doch auch gern, jedenfalls ab und zu. *»Das ist New York: Du gibst ihnen das Geld und wirst trotzdem erstochen«*, spricht der Chef-Neurotiker, fuchtelt nervös mit seinen Händen herum und schaut vorwurfsvoll und verschreckt durch seine große schwarze Brille über die Schulter nach hinten. Ach Woody, was wäre das Leben ohne Widersprüche?

»Verrücktheit ist immer eine relative Sache. Wer weiß schon, wer von uns wirklich eine Schraube locker hat? Und während ich durch den Central Park streife, mit einer Chirurgenmaske und in mottenzerfressenen Kleidern, revolutionäre Lieder schmetternd und hysterisch lachend, frage ich mich, ob das, was ich hier tue, wirklich so verrückt ist. Denn, liebe Leser, ich war nicht immer schon das, was Sie unter einem New Yorker Irren verstehen … Nein, ich war mal ein höchst erfolgreicher Arzt an der East Side, der mit einem

Was wäre er ohne New York – und was New York ohne ihn?
Woody Allen bei einem Konzert mit der New Orleans Jazz Band.

braunen Mercedes durch die Stadt fuhr und edle Tweedstoffe von Ralph Lauren trug. Das glauben Sie mir jetzt wahrscheinlich nicht, aber ich war tatsächlich einmal Dr. Ossig Parkis, ein bekanntes Gesicht bei Premieren, im Lincoln Center und auf den Hamptons, ein Mann mit einer beachtlichen Rückhand und großem Esprit, bevor ich begann, unrasiert und mit einem Ranzen auf dem Rücken den Broadway herunter zu skaten.«

Grüne Oase und Lunge New Yorks: In Woody Allens Film »Manhattan« spielt der Central Park eine Hauptrolle.

Das ist Woody Allen, wie wir ihn kennen und lieben. Ein Gehetzter. Ein Loser. Einer von uns, fast. Schmächtig und ein bisschen verlottert, aber mit viel Grips und Stil. Und ehrlich gesagt, ertappen wir uns nicht auch manchmal dabei, wie wir uns in Selbstgesprächen verlieren? Vielleicht nicht mit ganz so brillanten Monologen, aber ebenso fruchtlosen.

Die Figur von Dr. Ossig Parkis aus seinem Buch »Side Effects« verkörpert par excellence den literarischen Prototyp von Woody Allen, der schon mit 16 Jahren, als er noch Allan Stewart Konigsberg heißt, professionelle Gags und Sketche schreibt. Kaum zu glauben, dass sein erster Auftritt in einem Club in *Greenwich Village* *(▸ E/F 5)* völlig daneben geht. Doch dann macht er aus der Not eine Tugend und kultiviert sein nervöses, ungelenkes Herumstottern zu einem Markenzeichen, mit dem er seine Fans – insbesondere die Frauen – begeistert.

Der jüdische »Schmock« aus *Brooklyn*, der schon als Kind im Kino Zuflucht vor der Realität sucht, hat uns die Ängste vor Amerika genommen, einem Amerika, das zu amerikanisch ist. Woodys familiärer Hintergrund ist so europäisch wie das Manhattan, das er uns zeigt. Seine Eltern, die *Konigsbergs*, sprechen zu Hause oft jiddisch, und wenn sie streiten, was sie oft tun, dann ebenfalls zweisprachig. Gelegentlich sind Gäste im Haus, Flüchtlinge aus Nazi-Deutschland. Bücher gibt es keine im Elternhaus, dafür hat *Brooklyn* viele Kinos und die haben eine Klimaanlage. Denn wenn es etwas gibt, was der blasse Rotschopf sein Leben lang hassen wird, dann ist es die Sonne und der Sommer und die Hitze.

ER LIEBT NEW YORK NOCH MEHR ALS DIE FRAUEN

Was er hingegen liebt und immer lieben wird, auch wenn es ihn ins Unglück stürzt, das sind die Frauen. Der ewige Dauerbrenner in all seinen Filmen. *»Am liebsten bin ich mit einer schönen Frau zusammen, abgesehen von meiner Briefmarkensammlung«*, kokettiert er. Letzte muss der begnadete Komiker selten als Lockmittel für das intime Nachspiel eines Dates ins Feld führen, weil ihm sein Humor eine viel raffiniertere Waffe zur Verfügung stellt.

»Ich war bereits in ihn verliebt, bevor ich ihn kannte, er war schließlich Woody Allen. Unsere gesamte Familie versammelte sich regelmäßig vor dem Fernseher, um ihn in der Johnny Carson Show zu bewundern. Er war so hip mit seinen dicken Brillengläsern und den coolen Anzügen«, gesteht die Schauspielerin *Diane Keaton* im Rückblick. Die beiden lernen sich am *Broadway* **6** *(▸ F 4)* kennen, Diane spielt in seinem Stück »Mach's noch einmal, Sam« mit.

Natürlich verliebt sie sich nicht nur in Allen, den Mann, den das Skript zu ihrem Lover bestimmt, sondern auch in dessen Schöpfer und Darsteller. *»Er sah in echt sogar noch besser aus. Er hatte einen tollen Körper und bewegt sich äußerst anmutig. Woody* *gewöhnte sich an mich. Er konnte nicht anders. Er liebte neurotische junge Frauen«*, erzählt Keaton 2011 bei einer Lesung in der New Yorker Buchhandlung *Barnes & Noble* **4** *(▸ F5)*. Sie lacht nicht nur über seine Pointen, sondern über die Art, wie er Witze erzählt. Seine komischen Gesten, sein Gefuchtel und »Gehüstel, sein nach unten gesenkter, selbstkritischer Blick«, wenn er Witze erzählt.

Zweifellos ist Woody Allen am besten, wenn er über Sex spricht und mit den Frauen hadert. Wenn er zwischen zwei weiblichen Wesen hin und her schwankt wie ein Grashalm im *Central Park (▸ K3/4)* bei kanadischem Nordwestwind. Wenn er die, die er kriegen kann, nicht will. Oder wenn er lamentiert, dass die, mit der er gut reden kann und die einen so wunderbar wachen Geist hat, leider so aussieht wie seine Tante Rifka, wenn das Licht unglücklich fällt, und Tante Rifka leider so aussieht wie der Golem aus den jüdischen Märchen – und der wiederum ist aus: Lehm. Dann fragt sich so jemand wie Dr. Ossig Parkis, ob die Franzosen nicht doch recht haben mit ihrer praktischen Aufsplittung der weiblichen Rollen in Ehefrau und Mätresse, Heilige und Hure.

Dummerweise lebt Woody Allen in Amerika und da funktionieren die Dinge nicht so einfach. Einfach ist die Sache mit den Frauen für ihn ja sowieso nie gewesen. Seine erste Ehefrau ist erst 16, als er sie heiratet und zum Versuchskaninchen seiner Gags macht – an irgendjemandem muss man ja schließlich üben. Und seine bisher letzte Ehefrau *Soon-Yi Previn* ist elf Jahre alt, als er sie zum ersten Mal sieht, damals noch als Adoptivvater. 1997 wird er sie – nach einem hinlänglich bekannten Rosenkrieg mit der Vor-Ehefrau *Mia Farrow* – heiraten.

Nach der Trennung von Diane Keaton dreht Woody »Annie Hall«, und dass ist dann der Moment, in dem auch die Europäer den »Stadtneurotiker« (so der deutsche Filmtitel) und sein New York zum ersten Mal so richtig erleben dürfen. Allen gewinnt mit

Diskussion um Sex und das Leben an sich: Woody Allen mit Diane Keaton 1993 in seinem Film »Manhattan Murder Mystery«.

diesem Film zwei Oscars, die er in *Los Angeles* allerdings nicht persönlich abholt. Ein echter New Yorker mag L.A. eben nicht.

Woody Allens elegantester New York-Film ist zweifellos »Manhattan«, eine romantische Liebeserklärung an die Stadt, die vermutlich seine größte und beständigste Liebe ist. Manhattan wird von *Gershwins* »Rapsody in Blue« eingeleitet. In der großartigen Ouvertüre schwenkt die Kamera über ein schwarz-weiß entrücktes, im Breitwandformat inszeniertes New York: von der Staten Island-Fähre über den *Broadway* 6 *(▸ F 4)*, die *Fifth Avenue (▸ E 4–K 4)*, den *Washington Square*, das *Guggenheim* und *Metropolitan Museum of Art*, das *Lincoln Center (▸ H 5)*, die *Radio City Music Hall* 25 *(▸ J 4)* bis zum verschneiten *Central Park*. Dazu aus dem Off die Stimme von Woody Allens Alter Ego Isaac: *»Erstes Kapitel. Er betete New York an. Er idealisierte diese Stadt über alle Maßen.«* Doch jeder Versuch, seine Verehrung in weitere

Worte zu fassen, wird von Isaac verworfen, bis er zuletzt schlicht feststellt: »New York war seine Stadt und würde es immer bleiben.« Das Panorama mit dem *Central Park*, an dem die Kamera hängenbleibt, wurde auf Woodys Dachterrasse über der *Fifth Avenue (▸ E4–K4)* aufgenommen, wo er in Höhe der *75th Street* ein Penthouse am *Central Park East* besitzt.

Der Film rückt New York grandios in den Mittelpunkt, die Stadt ist die heimliche Hauptdarstellerin. *»Als ich Manhattan drehte, war ich sehr selektiv. Ich habe eine Sicht der Stadt gezeigt, wie ich sie gerne hätte und wie sie heute sein kann, wenn man sich die Mühe macht, durch die richtigen Straßen zu gehen«*, erinnert sich Woody Allen später.

PERSPEKTIVEN AUS DER SICHT WOODY ALLENS

Wer das tut, landet früher oder später unweigerlich auf der Riverview Terrace, wo in der Schlussszene Issac, der von einer Midlife-Crisis gebeutelte Autor, und Mary, die überspannte Geliebte seines besten Freundes Yale, in der Morgendämmerung auf die *Queensboro Bridge (▸ K6/7)* blicken. Die Terrasse gibt es immer noch, nur die Bank ist an die Mauer gerückt worden. Und die stählerne *Queensboro Bridge* schwingt sich noch immer so imposant wie im Film über den *East River* nach *Brooklyn*.

Diesem Stadtteil, dem Viertel seiner Kindheit, hat Woody Allen in seinem Buch »Side Effects« zwei einprägsame Absätze gewidmet. *»Brooklyn: baumbestandene Straßen. Die Brücke. Kirchen und Friedhöfe überall. Und Süßigkeitenläden. Ein kleiner Junge hilft einem bärtigen Alten über die Straße und wünscht ihm einen guten Sabbat. Der alte Mann lächelt und leert seine Pfeife auf dem Kopf des Jungen. Heulend rennt der ins Haus …*
›Benny! Benny!‹ Eine Mutter ruft ihren Sohn. Benny ist 16, hat aber schon ein beachtliches Polizeiregister. Mit 26 wird er auf den

elektrischen Stuhl geschickt. Mit 36 wird er gehängt. Mit 50 hat er dann seinen eigene Wäscherei. Aber jetzt kriegt er erst mal sein Frühstück, und weil die Familie so arm ist und sich keine Servietten leisten kann, kleckert er die Marmelade auf die Zeitung.«

Das ist böse, aber gut beobachtet. Kein Zweifel, Woody Allen hat uns New York erschlossen, er hat uns erklärt, was eine Midlife-Crisis ist und wie man sie am besten zelebriert. Er hat uns beigebracht, dass man ohne Psychoanalyse kein guter Autor und Regisseur werden kann. Und vermutlich auch kein guter Klarinettist, aber das weiß er selbst nicht so genau, obwohl er lange Zeit jeden Montag im *Carlyle Hotel* in seiner Jazzband die Klarinette spielte und noch heute regelmäßig auf Tourneen geht.

Wahrscheinlich steckt in allen New-York-Liebhabern tief verborgen ein Woody Allen. So ein neunmalkluger, verwirrter Selbst-Saboteur. Oder eine Diane Keaton, ein klitzekleines bisschen überspannt, aber smart und mit einer Schwäche für verwirrte, sexbesessene Selbst-Saboteure.

BARNES & NOBLE **4** ▸ *F5*
33 East 17th Street, Greenwich Village
www.barnesandnoble.com
▶ Subway: 14th Street, Union Square

CARLYLE HOTEL
35 East 76th Street, Upper East Side
▶ Subway: 77th Street

THE LAKE, SEE IM CENTRAL PARK
▶ Subway: 72nd Street, Central Park

RADIO CITY MUSIC HALL **25** ▸ *J4*
1260 6th Avenue, Midtown
www.radiocity.com
▶ Subway: 47–50th Street, Rockefeller Center

JOHN LENNON

1940–1980

»Hätte ich in der Antike gelebt, wäre ich gerne in Rom gewesen. Heute ist Amerika das Römische Reich und New York ist sein Rom.« Das sagte John Lennon über die Stadt, die ihn das Leben kostete.

Jedes Jahr im Advent legt sich New York mächtig ins Zeug, um mit glitzernder Dekoration eine festliche Stimmung aufkommen zu lassen. Im Dezember 1969 leuchtet New York besonders vielversprechend. In einem Weihnachtsgruss am Times Square heißt es: »War is over! If you want it. Happy Christmas, John and Yoko.« Es wird allerdings noch einige Jahre dauern, bis sich der später auch als Song »Happy Xmas« veröffentlichte Weihnachtswunsch erfüllen wird.

Fünf Jahre nach dem Frieden in Vietnam, für den John Lennon und *Yoko Ono* gemeinsam unermüdlich gesungen und demonstriert haben, zieht über dem *Central Park (▸ K 3/4)* ein klarer, sonniger Wintertag herauf. Zwischen den winterlich kahlen Bäumen führen die New Yorker ihre Hunde aus. Im *Dakota Haus* auf der Westseite des Parks findet an diesem 8. Dezember 1980 ein Fotoshooting statt. Die Fotografin *Annie Leibovitz* macht für den »Rolling Stone« Aufnahmen von ihren prominenten Nachbarn John und Yoko, die gerade ihr neues gemeinsames Album »Double Fantasy«

John Lennon mit seinem Sohn Julian. 1971 zieht er mit seiner zweiten Ehefrau Yoko Ono nach New York.

veröffentlicht haben. Alle drei wohnen mit *Leonard Bernstein* unter einem Dach. In dem berühmten Haus ist 1968 auch Polańskis Thriller »Rosemaries Baby« gedreht worden. Heute gabeln Rikschafahrer gegenüber im Park ihre Kunden auf, fliegende Händler verkaufen John Lennon-Souvenirs und Peace-Buttons.

John und Yoko fühlen sich wohl im siebten Stock ihrer »Burg«, wie sie das *Dakota Building* mit dem schwarzen Schutzgitter und

Der Eingang des Dakota Buildings wird von Doormen bewacht: Hier wurde John Lennon 1980 ermordet.

dem uniformierten Doorman scherzhaft nennen. John mag die trutzigen Erker und hohen Giebel, die ihn an die viktorianischen Bauten seiner Heimatstadt *Liverpool* erinnern. Wenn er und Yoko in ihrer Wohnung meditieren, wird das *Dakota* zu ihrem »Kloster«, zuweilen, wenn die Stimmung danach ist, auch zu einem »Gefängnis«. An diesem sonnigen Dezembertag ist ihre großzügige Wohnung mit Blick über den Park weder Burg noch Kloster noch Gefängnis, sondern Fotostudio. John und Yoko kennen Annie gut, die Stimmung ist so entspannt, dass John seine Kleider auszieht und sich nackt – gekrümmt wie ein Fötus – an seine Frau kuschelt. Annie Leibovitz drückt auf den Auslöser und wird später im Rückblick sagen: *»Die Achtziger waren keine romantische Epoche, deshalb fand ich diesen Kuss so schön«*. Die Stimmung ist vorweihnachtlich gelöst, doch allen dreien ist bewusst, dass diese freizügige Pose wieder mal für Aufregung sorgen wird.

Es ist nicht das erste Mal, das sich John und Yoko nackt fotografieren lassen. Schon für ihr erstes gemeinsames Plattencover haben sie Hand in Hand hüllenlos vor der Kamera posiert – mit einem »postkoitalen Grinsen im Gesicht«, wie ein amerikanischer

Reporter süffisant notiert. Als John Lennon damals sein Plattencover präsentiert, weigert sich die Plattenfirma, das Album zu produzieren, der britische Boss findet das Bild »abstoßend«. Nachdem ein anderes Label das umstrittene Werk herausbringt, konfiszieren die Behörden von New Jersey 30 000 Scheiben.

Das Paar provoziert bereits in seinen Flitterwochen mit politischen Parolen. In ihren Bed-Ins in *Amsterdam*, *Montreal* und *Wien* laden John und Yoko Journalisten und Fotografen in ihre Hotelschlafzimmer ein, um ihre Botschaft »Make love not war« im Pyjama unters Volk zu bringen.

YOKO IST ACHT JAHRE ÄLTER ALS JOHN

Als sich der weltberühmte Beatle und die Avantgarde-Künstlerin in England kennenlernen und auf den ersten Blick verlieben, ist John Lennon Mitte 20. Er ist nicht nur ein begnadeter Sänger und Songwriter, er zeichnet auch und schreibt Kurzgeschichten. Yoko Ono, die acht Jahre älter ist und zwischen New York und ihrem Geburtsland *Japan* pendelt, ist alles andere als ein Groupie, obwohl ihr das immer wieder unterstellt wird. Die zierliche Japanerin, die in die geregelte Welt der »Beatles« einbricht und nicht nur zum Bruch von Johns Ehe, sondern auch zum Auseinanderdriften der berühmtesten Gruppe der Welt beiträgt, hat sich als Aktionskünstlerin einen Namen gemacht.

Zusammen mit *John Cage,* ihrem Nachbarn in der *Bank Street,* wo John und Yoko 1971 nach ihrem New York-Umzug zunächst leben, hat sie die Fluxus-Bewegung begründet. *»Ich habe John nie als jünger erlebt, manche Menschen kommen mit einer alten Seele zur Welt. So ein Mensch war John: kein Prinz, sondern ein König«,* sagt Yoko Ono über ihren Mann. Umgekehrt sagt John über seine Frau: *»Es war Yoko, die mir New York nahegebracht hat. Sie hat hier schon gelebt, als ich noch sehr arm war und kennt jeden Winkel. Ich* *bin mit ihr zusammen durch die Straßen und Parks gewandert und habe mir alles genau angesehen. Man könnte sagen: Ich habe mich in New York an einer Straßenecke verliebt.«*

Sie kaufen sich Fahrräder und radeln durch den *Central Park* (*▸ **K 3/4***), in dem damals wesentlich weniger Radfahrer unterwegs sind als heute. Yoko zeigt John die exotischen Gewürz- und Gemüseläden in *Chinatown*, die Eiscafés in *Little Italy* und Industrieviertel in Downtown, die John an seine englische Heimat erinnern.

EINE VERRÜCKTE ON-OFF-BEZIEHUNG

1971 stehen die Zeichen für John Lennon und Yoko Ono auf Sturm. Der demokratische Präsidentschaftskandidat George McGovern hat die Wahl gegen Nixon verloren, John gerät ins Visier des FBI. Die Amerikaner bereiten ihm Schwierigkeiten wegen seines Visums. Lennon ist frustriert und betrinkt sich auf einer privaten Wahlparty im *Greenwich Village* (*▸ **E/F 5***). Vor den Augen von Yoko zieht er eine andere Frau ins Nebenzimmer, um sich dort mit ihr zu vergnügen.

»Wir saßen alle herum und versuchten zu ignorieren, was dort geschah. Die Wände waren dünn, einer legte eine Dylan-Platte auf, um die Geräusche zu übertönen. Keiner konnte gehen, weil dort unsere Mäntel lagen. Dann fing eine berühmte New Yorkerin mit mir ein Gespräch an. ›Ich weiß ja nicht, wie deine Gefühle für ihn sind‹, sagte sie, ›aber wir alle lieben ihn. Er ist ein so wunderbarer Mann‹. Das wiederholte sie die ganze Zeit und schaute mich dabei so an, als müsste ich mich für ihn freuen«, erzählt Yoko Ono später einem amerikanischen Reporter.

Die Beziehung hat einen Riss bekommen. Ein Jahr später schlägt Yoko ihrem Mann vor, sich für eine Weile zu trennen. *»Ich war verletzt. Es waren schwierige Zeiten. Die Amis wollten uns loswerden und wir hatten fast alle Brücken zu Europa abgebro-*

Ein Graffito von Yoko Ono und John Lennon bei ihrer Straßenperformance »Art is over«.

chen. John hatte seine Medaille an die Queen zurückgegeben, nachdem er wegen Dogen verhaftet worden war. Ich wurde in der Öffentlichkeit zum bösen Drachen stilisiert und hatte meine Plattform als Künstlerin verloren.«

14 Monate dauert ihre Trennung, die John als »lost weekend« bezeichnet und in *Los Angeles* verbringt. *»Nach vier Tagen wollte er zurückkommen, doch ich habe ihn ausgelacht. Es war zu früh. Allein ging es mir wieder besser«*, sagt sie. Bei einem Konzert im *Madison Square Garden* **18** *(▸ G3)*, bei dem John Lennon mit *Elton John* auftritt, kommen beide wieder zusammen. Ihr Sohn *Sean Taro Ono* wird 1975 geboren, danach wird es ruhiger um die beiden. John zieht sich fast vollkommen aus der Öffentlichkeit zurück. Sie produziert Musik und kümmert sich um seinen kleinen Sohn.

LETZTE STUNDEN IM DAKOTA BUILDING

Am 24. Dezember 1979 feiern die Lennons im *Dakota Haus* ihr letztes gemeinsames Weihnachten. Später berichtet Yoko Ono: *»Wir waren sehr glücklich, haben uns fein angezogen und formvollendet benommen. John trug einen Smoking und ich ein langes schwarzes Kleid.«*

Fast ein Jahr später, am 8. Dezember 1980: Das Fotoshooting mit Annie Leibovitz im *Dakota Haus* ist beendet. John zieht seine Kleider wieder an und gibt einem Radioreporter ein Interview. Er ist gut gelaunt. »*Als ich die Texte für mein neues Album schrieb, habe ich mir die Leute vorgestellt, die es hören werden. Leute in meinem Alter mit Familie, die gemeinsam schon einiges durchgestanden haben. Für sie singe ich. Ich sage ihnen: Wie geht es euch? Wie läuft eure Beziehung? Habt ihr alles gut hinter euch gebracht? Und waren die 70er nicht eine Plage? Lasst uns nun die 80er angehen, wir können unser Schicksal selbst in die Hand nehmen.*«

Danach fährt das Paar in ihr gemeinsames Musikstudio *Hit Factory* *(▸ J 3)* in der *54th Street*, um an Yoko Onos neuem Album »Walking on Thin Ice« zu arbeiten. Auf dem Weg zum Auto signiert John ein Plattencover des gerade erschienen Albums »Double Fantasy«.

DER MÖRDER WAR FRÜHER EIN MANISCHER FAN

Der Mann, der John um das Autogramm bittet, hat ungekämmte Haare und eine randlose Brille, er trägt einen dunklen Regenmantel und einen Schal. Er heißt *Mark David Chapman*, geboren 1955 in Fort Worth, Texas. Chapman war ein manischer Lennon-Fan. Er heiratete wie sein Idol eine Japanerin. Als John bei einem Interview sagte, die Beatles seien populärer als Jesus, schlug diese Liebe in Hass um.

John und Yoko mischen am Nachmittag des 8. Dezember 1980 im Studio den Soundtrack. Yoko möchte noch etwas essen gehen, doch John will nach Hause. Kurz vor elf Uhr treffen sie wieder vor dem *Dakota Haus* ein. Vor dem Hauseingang steht noch immer Chapman, dessen Album John Stunden zuvor signiert hatte. Er spricht den Star an »Mister John Lennon?« und feuert mit einem Revolver Kaliber 38 fünf Mal.

Zwei Kugeln treffen das Opfer in die Lunge, eine die Halsschlagader, eine das linke Schulterblatt. John Lennon schleppt sich blutüberströmt in die Lobby und stammelt »I'm shot! I'm shot!« Dann bricht er zusammen. Der Fahrstuhlführer und ein zufällig vorbeikommender Taxifahrer kümmern sich um ihn. Ein Krankenwagen bringt den verblutenden Musiker ins *Roosevelt General Hospital*. Um 23.07 Uhr ist John Lennon tot. Der Mörder sitzt immer noch vor dem *Dakota Building* auf einer Bank, er liest Salingers Roman »Der Fänger im Roggen« und lässt sich widerstandslos festnehmen.

1981 wird Mark David Chapman zu 20 Jahren Gefängnis verurteilt. Er sitzt immer noch in Sicherheitsverwahrung und die Witwe Yoko Ono hat an die Justizbehörden appelliert, diesen Mann nie wieder freizulassen; sie fühle sich von ihm bedroht.

Yoko Ono, die ihren Mann an jedem 8. Dezember mit einem Konzert ehrt, wohnt noch heute im *Dakota Haus*. Von ihrer Wohnung sieht sie auf die *Strawberry Fields*, eine kleine Gedenkstätte im *Central Park*, die sie für John Lennon angelegt hat. Auf einem grauen Mosaik im Boden steht nur ein Wort: »Imagine« – der Titel eines Lennon-Songs von 1971; er sollte posthum sein größter werden.

DAKOTA BUILDING
1 West 72nd Street/Central Park West, Upper West Side
▶ Subway: 72nd Street

STRAWBERRY FIELDS
Central Park
www.strawberryfieldsnyc.com
▶ Subway: 72nd Street

BARBRA STREISAND

geb. 1942

Sie ist ein Weltstar, kommt aus Brooklyn und begeistert seit den 60er-Jahren ihr Publikum mit überschäumender Spielfreude, jüdischem Mutterwitz und einem ausdrucksvollen, glasklaren Sopran.

Manchmal irren selbst Mütter. Sogar – oder vielleicht gerade –, wenn sie es besonders gut mit ihren Kindern meinen. Ein Paradebeispiel liefert die Schulsekretärin *Diana Ida Rosen. »Darling, mit diesem Zinken willst du wirklich auf die Bühne? Das kannst du vergessen! Lerne lieber etwas Solides.«* So oder so ähnlich müssen sich damals im Brooklyn der 50er-Jahre die Diskussionen zwischen Mutter und Tochter angehört haben. Hätte die junge Barbra Streisand auf den sicher gut gemeinten mütterlichen Rat gehört, wäre aus ihr nie das geworden, was sie heute ist: einer der ganz große Stars im Showbusiness – trotz ihrer Nase! Mehr als 140 Millionen Platten hat die Entertainerin bisher verkauft und stellt mit diesem Rekord sogar die Beatles in den Schatten. Damit nicht genug: Die Allround-Künstlerin ist auch als Schauspielerin, Produzentin und Regisseurin erfolgreich. Prämiert mit sämtlichen Auszeichnungen, die ihre Branche zu vergeben hat, darunter der erste Oscar, der je an eine Komponistin verliehen wurde.

Die gefeierte Sängerin, Schauspielerin und Entertainerin Barbra Streisand bei einer Filmpremiere.

Das vermeintlich hässliche Entlein mit der Mega-Ausstrahlung wird am 24. April 1942 im Brooklyner Viertel *Williamsburg* geboren. Beide Eltern stammen aus jüdisch-österreichischen Familien, der Name Streusand ist in Amerika zum leichter aussprechbaren Streisand glattgeschliffen worden. Barbras Vater, ein Grundschullehrer, stirbt, als sie gerade 15 Monate alt ist. Ihre Mutter heiratet wieder und Barbra bekommt eine jüngere Halbschwester *Ros-*

Die Schauspielerin verbrachte ihre Kindheit in Brooklyn. Hier die Brooklyn Bridge mit Blick auf die Skyline von Manhattan.

lyn Kind, die ebenfalls den mütterlichen Ratschlag in den Wind schlägt und Sängerin wird. Die Familie lebt in sehr bescheidenen Verhältnissen, das industrielle *Williamsburg* ist damals ein wenig attraktives Arbeiterrevier, das erst in den 90er-Jahren zum Trendviertel avancierte. *»Wir haben unsere Teebeutel nicht nur einmal aufgebrüht, sondern mindestens zweimal benutzt, das war für uns ganz selbstverständlich«*, berichtet die mehrfache Millionärin 2005 in einer US-Talkshow.

Als Barbra Streisand 14 Jahre alt ist und in einem Sommertheater mitspielt, fallen ihr zwei Backenzähne aus. Damit die Lücken nicht auffallen, bastelt sie sich aus Kaugummi Attrappen. Ob es bereits ein erster Anflug jenes Perfektionismus ist, für den sie später in der Branche berüchtigt sein wird, oder einfach nur die Eitelkeit eines unsicheren Teenagers? Jedenfalls wirkt ihre sonst so lebhafte Mimik daraufhin merkwürdig angespannt. *»Aus Angst* *davor, meine Zähne zu verlieren, habe ich mich zwei Jahre nicht getraut zu lachen«*, erzählt sie viele Jahre später dem amerikanischen Journalisten *Jeffrey Lyons*.

In der *Erasmus High School* in *Brooklyn* ist Barbra Streisand Klassenbeste. Um ihren Schauspiel- und Gesangsunterricht zu finanzieren, jobbt sie als Platzanweiserin im Kino, Putzfrau und Telefonistin. Im Schulchor lernt sie *Neil Diamond* kennen, mit dem sie bis heute gut befreundet ist und gemeinsam den Hit »You Don't Bring Me Flowers« singt. Weitere erfolgreiche Duette wie »Woman in Love« und »Guilty« singt sie mit dem Bee Gee-Sänger *Barry Gibb*. Bei einer Grammy-Verleihung, bei der die beiden gemeinsam auf dem Podium stehen, gibt Barbra eine Kostprobe ihres unverwechselbaren Humors. Effektvoll haucht sie ins Mikrophon: *»Barry, ich fühle mich schuldig. Ich habe das Gefühl, Neil Diamond zu betrügen.«*

Mit 19 Jahren tritt sie zum ersten Mal öffentlich in der Off-Broadway-Revue »Another Evening with Harry Stoones« auf. Danach arbeitet sie für 200 Dollar pro Woche als Sängerin im »Blue Angel«, einem klassischen Nachtclub mit Bühne und rotem Teppich in der *55th Street*, den es heute nicht mehr gibt. Ihren ersten großen Erfolg am *Broadway* **6** *(▸ F4)* feiert sie in »Funny Girl«. In dieser Komödie spielt sie ihr außergewöhnliches Showtalent so glänzend aus, dass Hollywood sie gleich für die Titelrolle des gleichnamigen Films unter Vertrag nimmt. Für ihre Darstellung erhält sie ihren ersten Oscar.

DER BROADWAY IST IHRE WAHRE HEIMAT

1965 ist die 23-Jährige in Amerika bereits ein Star, sie ist oft im Fernsehen zu sehen und bekommt jede Menge Fanpost. »Barbra – New York City« steht auf einem der Briefumschläge, ein anderer zeigt nur ihr Foto und landet trotzdem an der richtigen

Adresse. Ihre Karriere ist jetzt nicht mehr aufzuhalten. In der Verfilmung des Broadway-Musicals »Hello Dolly« an der Seite von *Walter Matthau* verkörpert sie mit überschäumender Spielfreude die verwitwete jiddische Heiratsvermittlerin Dolly Levi, die sich ihren reichen Kunden Horace Vandergelder selbst als Ehemann angelt. Der *Broadway* **6** *(▸ F4)* – damals wie heute glitzernd und glamourös, laut und bunt – wird zu ihrem Karrieresprungbrett.

MIT GROSSER STIMME UND SCHLAGFERTIGKEIT

Ebenso zupackend und temperamentvoll wie »On Stage« tritt Barbra Streisand auch sonst auf. Nach einem Konzert in der US-Botschaft in *London* lädt sie die britischen Botschaftsangehörigen zur Abschlussparty von »Funny Girl« nach New York ein: *»Jungs, es gibt Hot Dogs! Nathans berühmte Hot Dogs aus Coney Island«*, lockt sie. Gefragt, wo *Coney Island* läge, antwortet die New Yorkerin: *»Ganz einfach: Von Cornwall aus einfach immer nur schnurstracks nach Westen – so lange bis ihr auf Brooklyn stoßt.«*

In den 70ern reüssiert Barbra Streisand in der Boulevardkomödie »Die Eule und das Kätzchen« und dem Kino-Slapstick »Is' was, Doc?« mit *Ryan O'Neal*. Mit *Robert Redford* dreht sie »Cherie Bitter – The Way We Were«, die nostalgische Romanze eines Paares, das durch die gemeinsame Leidenschaft für die Literatur zusammenfindet und sich wegen politischer und lebensanschaulicher Differenzen auseinanderlebt. Die mit einem Streisand-Hit unterlegte Schlussszene garantiert Gänsehaut: Als sich die beiden Liebenden viele Jahre später vor dem New Yorker *Plaza Hotel* **24** *(▸ K4)* zufällig über den Weg laufen, erinnern sie sich wehmütig an ihre gemeinsamen Zeiten – und trennen sich wieder, um in verschiedene Richtungen weiterzugehen.

Viele Streisand-Filme spielen in ihrer Heimatstadt New York, etwa im *Central Park (▸ K3/4)*, wo sie beim Happy End in »The

Der Broadway – mit 19 Jahren startete Barbra Streisand hier ihre Weltkarriere.

Owl and the Pussycat« mit *George Segal* durch das bunte Herbstlaub wirbelt. Im Hintergrund die graublasse Skyline von *Manhattan* – ein typischer New-York-Anblick, der bis heute nichts von seinem Zauber verloren hat. Mit Robert Redford unternimmt sie einen romantischen Ruderausflug auf dem kleinen See, der auch heute viele Liebespaare in ein gemeinsames Boot lockt. Und in »Liebe hat zwei Gesichter« mit *Jeff Bridges* wird der Spielplatz beim *Alice-in-Wonderland-Brunnen* ins Bild gerückt. Auch Barbra Streisand selbst, die in zweiter Ehe mit dem Schauspieler *James Brolin* verheiratet ist, genießt von ihrem Penthouse am *Central Park West* seit vielen Jahren den Blick ins Grüne.

Anfang der 80er-Jahre gründet sie eine Produktionsfirma und dreht ihren ersten eigenen Film, in dem sie nicht nur die Hauptrolle, sondern auch Regie, Produktion und Co-Autorenschaft übernimmt. »Yentl« basiert auf einer Kurzgeschichte von

Isaac Singer aus der untergegangenen Welt des osteuropäischen »Schtetls«. Barbra Streisand spielt die Rabbinertochter Yentl, die sich nicht damit abfinden will, dass Bildung und Wissen nur Männern zugestanden werden. Um an der Religionsschule aufgenommen zu werden, verkleidet sie sich als Junge. Der Film endet damit, dass die enttarnte Jüdin nach Amerika auswandert, wo sie sich größere Freiheit erhofft.

MANCHMAL IST SIE ZICKIG WIE EINE DIVA

Von da an gibt die Filmschaffende die Kontrolle nicht mehr aus der Hand. Gemeinsam mit dem Regisseur *Martin Ritt* dreht sie als Produzentin und Hauptdarstellerin »Nuts«, die Geschichte einer kämpferischen Frau, die sich dagegen wehrt, als geisteskrank behandelt zu werden. Später folgen »Herr der Gezeiten« und der Musikfilm »A Star Is Born«. In der Branche gilt die Streisand als penibel und perfektionistisch. Wegen ihres mitunter divenhaften Verhaltens ist sie bei den Kollegen nicht immer beliebt. Auf die Frage eines Journalisten, mit wem er nie wieder gemeinsam vor die Kamera treten wolle, nennt selbst der eher sanftmütige Robert Redford freimütig ihren Namen.

Nein, von Barbra Streisands sinnlichem Silberblick darf man sich nicht täuschen lassen. Die Lady hat Biss! Im November 1968 wird sie in New York mit einem von unzähligen Preise ausgezeichnet und beginnt ihre Dankesrede mit der Frage: *»Ist der Besitzer des Albemarle Theaters in Brooklyn hier?«* Ein Mann im Zuschauerraum hebt seine Hand. *»Sie sollten mehr Butter in Ihr Popcorn tun«*, muss er sich von ihr vor versammeltem Publikum rügen lassen.

Oh ja, die Streisand hört ganz genau hin und nimmt kein Blatt vor den Mund. Als ihr nach einem kostenlosen Konzert im *Central Park* Hunderttausende von Zuhörer zujubeln, korrigiert sie:

»Es heißt nicht bravo, sondern brava«. Irgendwie ist Barbra eben doch die Tochter eines Lehrers und einer Schulsekretärin. 2007 überrascht sie ihre Fans mit einem Auftritt in *Deutschland*, das sie wegen des Holocaust bisher gemieden hat. Mit einer 58-köpfigen Big Band gastiert die damals 65-Jährige in der ausverkauften Berliner *Waldbühne* und begeistert ihr Publikum mit Balladen und Swing, Musical- und Broadwaysongs. Seither spielt sie ihr komödiantisches Talent auch wieder im Kino aus.

In »Meine Frau, ihre Schwiegereltern und ich« an der Seite von *Dustin Hoffman* ist sie eine flippige Sex-Therapeutin, die ihren erwachsenen Sohn, dargestellt von *Ben Stiller*, durch ihr unkonventionelles Verhalten vor seinem strengen Schwiegervater in Verlegenheit bringt. Umwerfend komisch, wie sie auf *Robert De Niro* herumturnt, um ihn nicht nur von seinem akuten Hexenschuss, sondern auch von seinen sonstigen Verspannungen zu befreien. Das ist Barbra »at her best« – und hätte sicher auch ihre Mutter überzeugt.

BROADWAY **6** ▸ *F4*
www.broadway.com

CENTRAL PARK
Alice-in-Wonderland-Brunnen und The Lake
▶ Subway: 72nd Street

PLAZA HOTEL **24** ▸ *K4*
Fifth Avenue at Central Park South, Central Park South
www.theplaza.com
▶ Subway: Fifth Avenue, 59th Street

ROBERT DE NIRO

geb. 1943

Der zweifache Oscarpreisträger ist der bedeutendste Schauspieler der Stadt. Für ihn ist New York schlichtweg Heimat, hier hat er alles gelernt. Es begann für »Bobby Milk« in den Straßen von Little Italy …

Ich fliege nach Paris, ich fliege nach London, ich fliege nach Rom, und überall stelle ich fest: Es gibt keinen Platz wie New York. New York ist die aufregendste Stadt der Welt. So einfach ist das.« Keine Macht der Welt könnte Robert De Niro aus seiner Heimatstadt vertreiben. Weder *Europa*, das er gern besucht, weil er dort seine Wurzeln hat, noch *Hollywood*, mit dessen inszeniertem Glamour er wenig anfangen kann. Vom Mittleren Westen, dem Mainstream-Amerika, gar nicht erst zu reden. Vermutlich kann sich einer, der als Sohn linksliberaler Künstlereltern im *Village* aufwächst und schon als Baby durch zugige Fabriketagen krabbelt, lange bevor diese zu astronomisch teuren Lofts hochgerüstet werden, einer, der in der kosmopolitischsten Stadt der Welt lebt, kaum vorstellen, was das ist: Provinz, ein Leben mit Vorgarten und Rasenmäher, spießigen Nachbarn und Bibelunterricht.

Seine Freunde nennen ihn »Bobby Milk«, weil er eine so helle Haut hat. Oder auch »Bobby Irish«, weil sein Vater Halbire ist. Dass auch italienisches Blut durch seine Adern fließt, hört

Der Junge aus Little Italy ist inzwischen ein weltweit gefeierter Star: Robert De Niro bei den internationalen Filmfestspielen in Cannes.

man an seinem Namen. Aber das ist hier nichts Besonderes. Fast alle Jungs im Viertel haben sizilianische Eltern oder Großeltern. Auch Robert De Niro hat einen aus *Süditalien* eingewanderten Großvater, bei dem er schon früh die italienische Sprachmelodie aufschnappt. Später wird er den italo-amerikanischen Slang so perfekt beherrschen, dass man ihm den Mafioso abnimmt. Auch das dazugehörige Mienenspiel kann er jederzeit abrufen, diese

Der Washington Square: Hier verbringen Vater und Sohn De Niro viele gemeinsame Stunden.

raschen, wortlosen Seitenblicke, die nur durch ein kaum merkliches Heben der Augenbraue andeuten, was gleich passieren wird.

Als Robert De Niro in *Greenwich Village* *(▸ E/F5)* aufwächst, leben in dessen südlichen Blocks bereits so viele Italiener, dass die Gegend *Little Italy* genannt wird. Schon als Kind hat Bobby auf der Straße gespielt und jetzt hängt er eben mit den Jungs aus Klein-Italien herum. Sie faszinieren ihn: die Seidenhemden, die schmal geschnittenen Lederjacken, ihre coole Körpersprache. Als Einzelkind, das weitgehend sich selbst überlassen wird, hat er früh gelernt, seine Umgebung zu erforschen, zu imitieren und alles auszuprobieren. Er ist durch die weitläufigen Ateliers seiner Eltern gekrochen, hinter Leinwände geschlüpft, hat Farbtöpfe und Paletten untersucht, mit Pinseln gespielt. Niemand hat ihn in seinem Erkundungsdrang beschränkt, kein Laufstall, keine Ermahnungen haben ihn daran gehindert, seinen eigenen Weg zu finden. Auch als Heranwachsender drängt ihn seine Mutter nicht dazu, statt in Comics mehr in Schulbücher zu schauen. Kinder sollten selbst herausfinden, was für sie das Richtige ist. Davon ist die alleinerziehende Künstlerin, die den Lebensunterhalt inzwischen mit dem Schreiben von Detektivromanen aufbessert, fest überzeugt.

»Bobby wird nie darüber reden, wie er zu dem geworden ist, der er ist, aber ich vermute, er war ein einsames Kind, das früh lernte, seine Gefühle abzukapseln«, charakterisiert *Shelley Winters* ihren Freund Robert De Niro in der »New York Times«. Der bedeutendste Charakterdarsteller der Stadt wächst jedenfalls in einem durch und durch unbürgerlichen Milieu auf. Beide Eltern sind Maler und starke, eigenwillige, unabhängige Persönlichkeiten. Dass sie überhaupt geheiratet und ein Kind auf die Welt gebracht haben, ist schon ein Wunder. Denn *Robert De Niro senior* fühlt sich mehr zu Männern als zu Frauen hingezogen und *Virginia Admiral* hat als Marxistin sowieso nicht das übliche Familienprogramm im Kopf, als sie sich Anfang der 40er-Jahre bei einem Malworkshop in *Princetown* in den attraktiven Halbitaliener verliebt.

Die angehende Malerin hat französische, deutsche und holländische Wurzeln, sie jobbt im Village als Kellnerin und teilt sich mit Freunden auf der *14th Street* eine Fabriketage für 30 Dollar im Monat. Hohe, unverputzte Wände für die großformatigen Bilder, Kleider werden an Nägel gehängt, am Wochenende wird die Heizung abgestellt. Zum Freundeskreis gehört *Anaïs Nin*, die Muse von *Henry Miller*. Auch Virginia muss eine ungewöhnliche Frau gewesen sein, denn sie heiratet den sechs Jahre jüngeren Robert De Niro senior im Wissen um seine Homosexualität.

DIE ELTERN JENSEITS ALLER SPIESSIGKEIT

Der gemeinsame Sohn kommt am 17. August 1943 auf die Welt. Schon drei Jahre später trennen sich die Eltern nach einer Paartherapie – jüdische Flüchtlinge aus Wien und Nazi-Deutschland haben inzwischen in New York die Psychoanalyse etabliert – in aller Freundschaft. Robert wächst bei seiner Mutter in *Greenwich Village* auf und besucht häufig den Vater, an dem er bis zu dessen Tod sehr hängt. *»Mein Vater hatte damals diese düsteren Lofts in*

NoHo oder SoHo, zu einer Zeit, als noch niemand in dieser Gegend wohnen wollte«, erinnert sich der Sohn, als er anlässlich seines Regie-Debüts »A Bronx Tale« ein TV-Interview gibt.

Robert De Niros Vater ist ein introvertierter Mann, der zwischen Depression und Euphorie schwankt und sich mit seinen hohen Ansprüchen an sich und seine Umwelt das Leben schwer macht. Er malt kraftvolle, expressive Bilder, die *Peggy Guggenheim* in ihrer Galerie für zeitgenössische Kunst (»Art of this Century Gallery«) ausstellt. Nach seinem Tod wird sein Sohn Robert De Niro jr. sie in das Foyer seines *Greenwich Hotels* **45** *(‣ C4)* und in seine Restaurants in *Tribeca* hängen.

Am *Washington Square*, an dem einst *Marcel Duchamp* »die freie Republik Greenwich Village« ausgerufen hat, an diesem vom Hauch der Revolution umwehten Platz mit dem französischen Triumphbogen verbringen Vater und Sohn viel Zeit miteinander. Sie werfen sich Baseballs zu oder kurven auf Rollschuhen um den Brunnen. Abends besuchen sie die Kinos auf der *2nd* oder *3rd Avenue* und sehen sich Programmfilme an. Zu Hause spielt der junge Robert dann der Mutter seine Lieblingsszenen vor.

Sonntags besucht »Bobby« mit seinen italienischen Freunden die Messe in der alten *St. Patrick's Cathedral (‣ J4)* in der *Mulberry Street*. Er hat keine Ahnung, dass hier ein Junge Messdiener ist, mit dem er später viele gemeinsame Filme drehen wird. Obwohl *Martin Scorsese* und Robert De Niro nur ein paar Blocks auseinander wohnen, werden sich der Regisseur und der Schauspieler erst 1972 als Erwachsene auf einer Weihnachtsparty kennenlernen. Die beiden werden acht Filme miteinander machen, darunter so legendäre wie »Hexenkessel«, »Taxi Driver«, »Good Fellas« und »Casino«. Für »Wie ein wilder Stier« bekommt De Niro 1981 den Oscar als bester Hauptdarsteller, einen ersten hat er bereits 1971 für seine brillante Nebenrolle in »Der Pate II« erhalten.

Die Metzgerei von Moe Albanese in Little Italy: Hier drehte Robert De Niros Freund Martin Scorsese einige Filme.

Zurück zu den New Yorker »Roots«: Robert De Niro senior, der aus der Kirche ausgetreten ist und seinem Sohn neben Ausdauer und Gründlichkeit auch eine gewisse Sturköpfigkeit vererbt hat, ist nicht begeistert davon, dass »Bobby« katholische Gottesdienste besucht. Noch weniger gefallen ihm die halbstarken »Ragazzi«, mit denen sein Junge durch die Gegend zieht. *»Als ich dreizehn war, rannte ich eines Tages am Washington Square zufällig meinem Vater über den Weg. Ich war mit meinen italienischen Kumpels unterwegs und musste mir hinterher stundenlang anhören, dass diese Typen kein guter Umgang für mich seien«*, erinnert sich der Junior später. Der eher schüchterne 15-Jährige ist zwar kein richtiges Gangmitglied, aber er macht schon eine Menge Unsinn mit. Zwei Jahre später hat er sich dem Typen, den er später in »Mean Streets« spielen wird, ziemlich gut angenähert: einem Draufgänger, der alles mag, was knallt.

Frank Aquilino, den alle im Viertel »Butch the Hat« nennen, weil er immer diesen schwarzen Hut aufhat, erinnert sich noch gut an den jungen »Bobby« und seine Clique: »*Sie nannten sich ›Forty Thieves‹, 40 Räuber. Die Dinge, die sie machten, waren nicht wirklich gefährlich. Sie haben Kanaldeckel aufgeschraubt oder Leuchtraketen abgefeuert. Sie hatten ihre eigene Sprache und blieben meistens unter sich. Natürlich hielten sie wie Pech und Schwefel zusammen, wenn ihnen die irischen Cops, diese Zweimeter-Bullen, auf die Schliche kamen.*«

UM DIE ECKE WOHNTE SCORSESES OMA

»Butch the Hat«, der zwei Jahre jünger ist als Robert De Niro, hat später in »Good Fellas« dessen Leibwächter gespielt. »*Bobby hat sich damals einen Pfeil auf den Arm tätowieren lassen. Er war ein ruhiger Typ, der alles gründlich beobachtete und wenig sagte. Er wollte damals schon Schauspieler werden. Neulich hat er mich gefragt, warum ich diesen Beruf ergriffen habe. Als ich ihm antwortete, aus Angst vor dem Altwerden, hat er nur gegrinst.*« Frank Aquilino kennt auch Martin Scorsese von früher. »*Martin war genauso neugierig wie Bobby. Er ist schon damals immer mit einer Kamera durch die Straßen gezogen.*«

Wenn »Butch« Steaks kauft, was selten der Fall ist, weil er meisten im italienischen *Restaurant Mela* **26** *(‣ D 5)* isst, dann geht er zum *Meat Market* **34** *(‣ D 5)* von *Moe Albanese*. Die älteste Metzgerei von New York hat sich seit 1923 wenig verändert, Moe, der das Geschäft von seinem Vater übernommen hat, schreibt seine Rechnungen noch immer mit Bleistift auf Blöcken. Er braucht inzwischen eine Lesebrille und etwas länger als früher, aber sein Fleisch ist immer frisch und rosig. Im Hinterzimmer seiner Küche hat Scorsese einige Filme gedreht. Der Metzger, der gerade eine Rinderkeule für Francesco Morano, den Besitzer der Pizzeria *Ray's* **22**

(▸ D5) zerhackt, hat zwar deren Titel vergessen, kann sich aber noch gut an die Sprüche der »Vierzig Räuber« erinnern: *»What's what? – das war so ein Ausdruck von ihnen.«* Dann deutet er auf ein Backsteinhaus schräg gegenüber: *»Sehen Sie, von da oben hat Martin Scorseses Großmutter immer ihren Einkaufskorb heruntergelassen und meine Mutter hat dann das Fleisch hineingelegt.«*

Robert De Niro ist noch häufig in seinem Viertel. Er besucht seine Restaurants, sein Hotel, die von ihm gegründete Produktionsfirma Tribecafilm und sein Filmfestival, wenn er nicht gerade auf seiner Ranch *Catskill Mountains* bei New York lebt. Dort hat er auch zum zweiten Mal seine zwölf Jahre jüngere Frau *Grace Hightower* geheiratet, nachdem ihre Scheidung nicht rechtskräftig war. Trauzeuge war – wie könnte es anders sein – Martin Scorsese.

GREENWICH HOTEL **45** ▸ *C4*
377 Greenwich Street, Tribeca
www.thegreenwichhotel.com
▶ Subway: Franklin Street

PIZZERIA RAY'S **22** ▸ *D5*
27 Prince Street, Little Italy
www.raysnewyorkpizza.com
▶ Subway: Prince Street

MOE ALBANESE'S MEAT MARKET **34** ▸ *D5*
238 Elizabeth Street, Little Italy
www.moethebutcher.com
▶ Subway: Spring Street

RESTAURANT MELA **26** ▸ *D5*
167 Mulberry Street, Little Italy
www.lamelarestaurant.com
▶ Subway: Canal Street

TRIBECA FILMFESTIVAL
www.tribecafilm.com

RUDOLPH GIULIANI

geb. 1944

Der umtriebige 107. Bürgermeister von New York hat schon eine eigentlich unmögliche Bewährungsprobe bestanden. Dann kommt der 11. September 2001 – die schlimmste Prüfung seines Lebens.

Der Mann hat wirklich die Ruhe weg. Um ihn herum wuseln Menschen, rennen dicht an seinem Kopf vorbei oder bleiben stehen, um die Werbespots zu lesen, die an den Hochhausfassaden flackern. Doch der junge Yogi in der weißen Kurta lässt sich nicht stören. Als wäre er am Ufer des Ganges und nicht auf dem *Times Square* 36 (▸ *J3*), vollführt er das indische Sonnengebet, biegt sich zur Kobra und richtet sich in den Handstand auf. Bis auf einen Fotografen nimmt niemand ernsthaft Notiz – wir sind schließlich in New York, und hier passiert so unendlich viel auf einmal, dass man sich nicht um alles kümmern kann. Auch die beiden Polizistinnen des New York Police Department, die in der Nähe an ihrem Streifenwagen lehnen, schenken dem Yogi nicht mehr Aufmerksamkeit als den übrigen Passanten.

Noch Anfang der 90er wäre eine solche Szene unmöglich gewesen. Damals gibt es am *Times Square* keine hellblau markierte Fußgängerzone und schon gar keine Yogis. Stattdessen treiben

Als Bürgermeister von New York hat Rudolph Giuliani die Stadt sicherer gemacht. Auch 2001 hat er seiner Stadt nach Kräften beigestanden.

sich Dealer, Stricher und Zuhälter zwischen Peepshows und Pornokinos herum. Vor zwielichtigen Sexshops schlafen Betrunkene ihren Rausch aus, in den Entrees heruntergekommener Theater setzen sich Süchtige den tödlichen Schuss, an den Ampeln nötigen aggressive Scheibenputzer den Autofahrern ihre Dienste auf. Mitte der 90er-Jahre ist New Yorks Image auf einem Tiefpunkt angelangt. Die Stadt ist heruntergewirtschaftet, bröckelt an allen

Vor Giuliani war der Bryant Park eine lebensgefährliche No-go-Area. Heute blüht hier das kulturelle Leben.

Enden und steht kurz vor der Pleite. Drogenkriege, brennende Mülltonnen, organisiertes Verbrechen und eine abschreckende Kriminalitätsrate prägen ihr Image. Fast täglich werden Menschen ermordet, ganze Stadtviertel wie die *Bronx* gelten als lebensgefährlicher Großstadtdschungel, Polizei und städtische Behörden sind für ihre Korruption berüchtigt.

Der bemerkenswerte Wandel, der sich seither vollzogen hat, und dessen augenfälligstes Symbol der *Times Square* 36 *(▸ J3)* ist, wird vor allem mit einem Namen verbunden: Rudolph Giuliani. Als der frisch gewählte Bürgermeister, den alle nur »Rudy« nennen, im Januar 1994 in die *City Hall (▸ C4)* einzieht, hat er ein klares Programm: Er sagt der Kriminalität den Kampf an. Rigoros, radikal und ausnahmslos. Von nun an wird jeder noch so kleine Verstoß gegen das Gesetz sofort bestraft. Dabei macht der Bürgermeister keinen Unterschied zwischen Bagatelldelikten und

Schwerverbrechen. Jeder, der sich nicht an die Regeln hält, wird verfolgt. Ob Bettler, Obdachloser, Handtaschendieb, Dealer oder Mörder; ob Biertrinken in der Öffentlichkeit oder Herumlungern in Bahnhöfen, ob Graffitisprühen oder Geldwäsche – Giulianis Null-Toleranz-Politik greift eisern durch. Ihre Grundlage ist die »Broken Window«-Theorie: erste Anzeichen von Verwahrlosung müssen sofort gestoppt werden. Ein zerbrochenes Fenster, das nicht repariert wird, ist ein Zeichen dafür, dass sich niemand um Ordnung kümmert, eine Einladung zu Vandalismus. Giulianis Polizeitruppe setzt diese Strategie radikal durch. Die New Yorker unterstützen die Kampagne mit Bürger- und Geschäftsinitiativen.

GIULIANI MACHT NEW YORK WIEDER LEBENSWERT

Mit durchschlagendem Erfolg: Die Mordrate sinkt auf ein Drittel, die Verbrechensrate halbiert sich, fliegende Händler und Bettler verschwinden aus dem Straßenbild. New York wird zur sichersten Großstadt Amerikas. Vor allem *Midtown Manhattan* profitiert von dieser Entwicklung. Die Gegend um den *Times Square* wird saniert, Medienkonzerne wie der Disney-Konzern lassen sich nieder und lösen einen Bauboom aus. Firmen, die aus der City geflohen sind, kommen zurück. Auch die Bevölkerung wächst wieder. Zum ersten Mal seit langem ziehen mehr Menschen nach New York als ins Umland. Heute ist die City lebenswerter denn je.

Einer ihrer urbansten Plätze ist der einst zugemüllte *Bryant Park* **8** *(▸ H4)*. Eine Großstadtoase, in der sich die Menschen zum Lunch verabreden und Konzerten lauschen. Unter den Bäumen dreht sich ein Kinderkarussell, manchmal werden für die Kleinen sogar Leseecken eingerichtet – immerhin wird der Park von der ehrwürdigen *New York Public Library (▸ H4)* flankiert. Im Spätherbst wird eine Eisbahn angelegt, auf der man kostenlos Schlittschuhlaufen kann. Deren gleichzeitige Eröffnung mit einem

Weihnachtsmarkt ist für die New Yorker ein jährliches Highlight. Wer ist der Mann hinter dieser erstaunlichen Entwicklung? Rudolph Giuliani wird am 24. Mai 1944 als Enkel eines italienischen Einwanderers in *Brooklyn (▸ A/B 6/7)* geboren. Dass sein Vater kein redlicher Kneipenwirt ist, sondern ein aktenkundiger Krimineller, der in einem Casino der Mafia als Rausschmeißer arbeitet, kommt erst im Jahr 2000 ans Licht. Da steht der Jurist bereits in seiner zweiten Amtsperiode und außerdem, was damals keiner ahnen kann, noch vor seiner größten Prüfung.

Der junge Rudy besucht katholische Schulen in *Brooklyn* und auf *Long Island* und möchte Priester werden. Dann entscheidet er sich für die *Law School* der *New York University*, wo er mit summa cum laude abschließt. 1975 tritt er bei der Demokratischen Partei aus und wechselt zu einer unabhängigen Partei, wird Assistent von US-Präsident *Gerald Ford* und schließt sich 1980 den Republikanern an. Als Bundesstaatsanwalt verfolgt er Wall-Street-Broker wegen Insiderhandels und führt erfolgreiche Prozesse gegen Politiker aus dem Umfeld des ehemaligen New Yorker Bürgermeisters *Ed Koch*, die wegen Korruption vor Gericht stehen.

1989 verliert er knapp gegen den schwarzen Bürgermeisterkandidaten *David Dinkins*, fünf Jahre später siegt er mit dem Versprechen, New York wieder sicher und sauber zu machen und den Sumpf der Korruption trocken zu legen. Auch in diesem letzten Punkt hält Giuliani Wort. Er verklagt seinen eigenen Behördenleiter wegen Bestechlichkeit und strukturiert die Polizei mit Hilfe seines Polizeichefs um. Anschließend feuert er ihn allerdings, weil er ihm zu viel Popularität stiehlt.

Trotz seiner Erfolge ist Giuliani umstritten. Für die einen ist er der Retter New Yorks, für die anderen ein Ordnungsfanatiker mit Wildwest-Manieren. Seine Gegner werfen ihm Oberflächensanierung und hemmungslose Kommerzialisierung vor. Soziale Proble-

Das 9/11 Memorial am Ground Zero erinnert an die Anschläge. Die Namen der über 2800 Opfer wurden in Bronzeplatten eingraviert.

me seien nicht gelöst, Obdachlose und Bettler nur an die Peripherie verdrängt worden. Ins Kreuzfeuer der Kritik gerät Giuliani, als die Polizei einen unbewaffneten jungen Schwarzen erschießt und er sich demonstrativ hinter die Schützen stellt.

Am 11. September 2001 frühstückt Rudolph Giuliani mit zwei Parteifreunden im *Peninsula (▸K 4)*, einem Luxushotel in *Midtown Manhattan*. Für den Bürgermeister, der normalerweise um diese Zeit seine ersten Meetings im Rathaus hat, ein entspannter Tagesbeginn. Plötzlich erhält er die Nachricht, dass ein Flugzeug in das *World Trade Center* geflogen sei. Giuliani bricht sofort auf. *»Bevor wir ins Auto stiegen, schaute ich in den wolkenlosen Himmel und wusste gleich, dass dies kein normaler Unfall sein konnte. Ich dachte, dass da vermutlich ein Verrückter wegen beruflicher Probleme oder seiner Freundin durchgedreht ist, solche Sachen passieren ja in New York«*, erinnert er sich später. Als sein Auto eine Meile von dem brennenden Turm entfernt ist, hört er eine Explosion. Und er sieht, wie sich verzweifelte Menschen aus den brennenden oberen Stockwerken stürzen. Die Erde bebt, als der erste Turm einstürzt. Panik breitet sich aus. Niemand weiß, was noch passieren wird. Giuliani läßt Lower Manhattan evakuieren. »*Das Wichtigste in einer solchen Situation ist, die Ruhe zu bewahren. Das habe ich von meinem Vater gelernt. Nur dann kann man Entscheidungen treffen*«, rekapituliert er zehn Jahre später.

Der Terroranschlag der al-Qaida fügt der Stadt die schwersten Wunden ihrer Geschichte zu. Etwa 2800 Menschen sterben, darunter viele Feuerwehrmänner. In den Tagen und Wochen danach profiliert sich der hemdsärmelige Hardliner als besonnener Krisenmanager. Der 107. Bürgermeister bewährt sich so umsichtig, dass ihn das Magazin »Time« zum »Mann des Jahres« kürt. *Königin Elisabeth* schlägt ihn zum Ritter. Seine zweite Amtszeit endet wenige Wochen nach dem Anschlag am 31. Dezember 2001, eine Wiederwahl ist nicht möglich. Nach Anläufen, in die nationale Politik einzusteigen, gründet der Jurist eine Beratungsfirma, die Städten wie Mexiko-City helfen will, ihr Chaos zu bewältigen.

DAS TRAUMA 9/11 UND DIE NORMALITÄT

Die in Endlosschleifen wiederholten Fernsehbilder haben sich ins Gedächtnis der ganzen Welt gebrannt. Die New Yorker stehen unter Schock, viele glauben, es werde nie wieder so sein wie zuvor. Doch überraschend schnell kehrt in der Stadt wieder Normalität ein, vielleicht auch, um einem Trauma zu entrinnen, dem man eigentlich nicht entkommen kann. Am *Ground Zero* in *Lower Manhattan*, dort, wo die beiden WTC-Türme die wichtigste Handelsmetropole der Welt repräsentierten, gähnt ein riesiges Loch.

Den Wettbewerb zur Neugestaltung gewinnt der New Yorker *Daniel Libeskind.* Der 1946 in Polen geborene Architekt, dessen jüdische Familie nur knapp dem Holocaust entkommen ist, hat 2001 das Jüdische Museum in Berlin entworfen. Sein Masterplan für *Ground Zero* sieht den Bau von fünf Hochhäusern um eine zentrale Gedenkstätte vor. Genau zehn Jahre nach dem Anschlag wird das *9/11 Memorial* **1** *(▸ B 4)* eingeweiht: zwei Wasserbecken, in die die Namen der Toten eingraviert sind. Und das neue *One World Trade Center*, mit 541 Metern das höchste Gebäude der USA, wird 2013 eröffnet.

Eine weitere Gedenkstätte **14** *(▸ F 3)* haben die New Yorker gleich in den ersten Tagen nach 9/11 am St. Vincent's Hospital angelegt. In dem inzwischen geschlossenen Krankenhaus wurden damals die Verletzten versorgt. Hier versammelten sich die verzweifelten Angehörigen, um nach Vermissten zu suchen. An einem Zaun gegenüber hängen inzwischen Tausende von handbemalten Kacheln (Tiles for America), die in dieser so hektischen und angeblich rücksichtslosen Stadt eine anrührende Anteilnahme mit den Opfern ausdrücken.

9/11 MEMORIAL **1** ▸ *B4*
Lower Manhattan
www.911memorial.org
▶ Subway: Fulton Street

BRYANT PARK **8** ▸ *H4*
Midtown
▶ Subway: 42nd Street und Fifth Avenue

GEDENKSTÄTTE TILES FOR AMERICA **14** ▸ *F3*
Greenwich Avenue/13th Street, Greenwich Village
www.tilesforamerica.com
▶ Subway: 14th Street, Eight Avenue

TIMES SQUARE **36** ▸ *J3*
Midtown
▶ Subway: Times Square, 42nd Street

PATTI SMITH

geb. 1946

ROBERT MAPPLETHORPE

1946–1989

»Es gab regenschwere Tage, an denen die Straßen von Brooklyn ein Foto wert waren und jedes Fenster das Objektiv einer Leica war«, schreibt die Sängerin über ihre New Yorker Jahre mit dem Fotografen.

Es ist der Sommer, in dem der Jazz-Saxophonist John Coltrane stirbt und Jimi Hendrix in Monterey seine Gitarre in Brand steckt. Patti Smith ist 20 Jahre alt, als sie 1967 mit dem Bus aus *Camden, New Jersey*, in New York eintrifft. Schlaksig, schmalhüftig und hoch aufgeschossen wie ein Junge, verträumt, lesehungrig – und wild entschlossen, hier ein Leben als Künstlerin zu führen, einen Künstler zu lieben und mit ihm zusammen zu leben. Sie trägt Jeans, einen schwarzen Rollkragenpullover, einen Regenmantel und ein gelb-rot kariertes Köfferchen, das neben ein paar Kleidungsstücken und Familienfotos ein Notizbuch und *Arthur Rimbauds* Gedichtband »Illuminationen« enthält. Das Buch hat sie als Teenager an einem Bahnhofsständer geklaut und gierig verschlungen. Seither ist der französische Poet »ihr Erzengel«, ihre Inspiration zum Schreiben. Seine Gedichte haben sie getröstet, als sie drei Jahre später gleich beim ersten ernsthaften Herumfummeln schwanger wird, im Alleingang ihr Kind austrägt, zur Adaption freigibt und vom College fliegt.

»Godmother of Punk«: die Sängerin, Lyrikerin, Malerin Patti Smith, hier bei den Filmfestspielen in Venedig.

Gleich nach ihrer Ankunft stolpert Patti Smith in *Brooklyn* *(▸ A/B 6/7)* über einen blassen, dünnen Jungen mit dunklen Locken, geschickten Fingern und Glasperlenketten um den Hals. Es ist Robert Mapplethorpe aus *Long Island*, Sohn eines ehemaligen Offiziers, mit dem er sich überworfen hat, weil er anstatt seine Grafikerausbildung zu beenden lieber mit LSD experimentiert und fantasievollen Schmuck bastelt. Die Begegnung ist flüchtig.

St. Mark's Place im East Village. Damals wie heute ist hier die alternative Szene zu Hause.

In ihren ersten Wochen schlägt sich Patti Smith allein durch. Ohne Ausbildung, ohne einen Cent in der Tasche, klappert sie die Buchläden ab, um einen Job zu finden. Nachts schläft sie auf Parkbänken im *Central Park (▸ K 3/4)* oder in Subway-Stationen. Angst hat sie keine, denn sie strahlt aus, dass es bei ihr nichts zu stehlen gibt.

Im Rückblick schreibt sie: »*Die Großstadt war eine echte Großstadt, unstet und sexuell. Ich wurde hierhin und dahin geschubst von kleinen Horden erhitzter junger Matrosen, die auf der Forty-Second Street, auf der sich Pornokinos, ordinäre Frauen, glitzernde Souvenirläden und Hot Dog-Stände aneinanderreihten, nach Action suchten. Ich lungerte in den Kinoräumen herum und spähte durch die Fenster in die großartige, ausladende Grant's Bar, in der dicht gedrängt Männer in schwarzen Mänteln haufenweise frische Austern schlürften. Die Wolkenkratzer waren wunderschön. Sie wirkten gar nicht wie bloße Hüllen für Großkonzerne. Sie waren Monumente der arroganten, aber philanthropischen amerikanischen Gesinnung.«*

Die Pornokinos auf der *42nd Street* sind heute verschwunden. Die Atmosphäre im *East Village (▸ E6)* dagegen, durch dessen Straßen und Parks Patti Smith stundenlang streift, hat sich kaum verändert. Sie schlendert über den *St. Mark's Place* **31** *(▸ E5)* und staunt über die langhaarigen Jungen in gestreiften Schlaghosen und Uniformjacken und die Mädchen in Batikkleidern. Die Straßen sind tapeziert mit Flyern, Haschischschwaden würzen die Luft. Noch heute ist hier die Alternativszene zu Hause, mit Tattoo-, Piercing- und Esoterikläden und marokkanischen Billigrestaurants, in denen ergraute Hippies von ihren Trips nach Marrakesch schwärmen.

BEGEGNUNG AUF DEM TOMPKINS SQUARE

Zurück ins Jahr 1967, als die Hippies noch jung und revolutionär sind und ihrem Protest gegen den Vietnamkrieg mit Musik und Marihuana Nachdruck verleihen. In einer Buchhandlung, in der Patti als Kassiererin arbeitet, trifft sie den Jungen aus *Brooklyn (▸ A/B 6/7)* wieder. Sie verkauft ihm eine persische Halskette und bittet ihn spontan, die Kette niemandem außer ihr zu schenken. Er verspricht es. Erst beim dritten zufälligen Treffen im *Tompkins Square Park* **37** *(▸ E6)*, unter dessen Bäumen damals wie heute Gitarrenspieler ihre Akkorde üben, kommen Patti und Robert zusammen. Sie, notorisch hungrig und knapp bei Kasse, hat sich von einem Science Fiction-Autor zum Abendessen einladen lassen und sucht nun verzweifelt einen Vorwand, um den Mann loszuwerden. In diesem Moment läuft ihr der dünne, dunkelhaarige Junge aus *Brooklyn* wieder über den Weg. Sie erkennt ihn schon von weitem an seinem leicht o-beinigen Gang, stürzt ihm entgegen, zerrt ihn zu ihrem Date und gibt ihn als ihren Freund aus.

Von diesem Tag an sind Patti Smith und Robert Mapplethorpe unzertrennlich. Die erste gemeinsame Nacht verbringen sie in Roberts WG in *Brooklyn*, in der sie sich an Pattis erstem New York-Tag begegnet sind. Robert zeigt ihr einige seiner Zeichnungen, sie erkennt in seiner sanften, fürsorglichen Art eine verwandte Seele. *»Wir blätterten in Büchern über Dada und Surrealismus und ließen die Nacht in die Betrachtung von Michelangelos Sklaven versunken ausklingen. Wortlos sogen wir die Gedanken des anderen auf und schliefen bei Tagesanbruch eng umschlungen ein. Als wir aufwachten, begrüßte mich sein schiefes Lächeln und ich wusste, er war mein Ritter … Wir wichen einander nicht von der Seite, außer um zur Arbeit zu gehen. Es gab keine Absprachen; wir verstanden uns auch so.«*

Ihre erste Wohnung liegt in einem dreistöckigen Brownstone, einem jener typischen Backsteinhäuser, die noch heute die Straßen von *Brooklyn* säumen, sie kostet 80 Dollar Miete im Monat. Sie schrubben Schimmel und psychedelische Graffiti von den Wänden und räumten Spritzen aus dem Ofen. Ihre Möbel klauben sie sich aus dem Sperrmüll zusammen oder basteln sie selbst. Geduldig fädelt Robert Perlenvorhänge auf, baut Lampenschirme und verziert sie mit selbst entworfenen Mustern. Die Wände drapierte er mit seinen Zeichnungen und indianischen Stoffen. Patti heftet Porträts von Rimbaud, Bob Dylan, Edith Piaf und John Lennon über ein Pult, auf dem sie ihre Schreibfedern arrangiert. Robert jobbt als Schaufensterdekorateur und studiert am *Pratt Institute* Kunst, Patti restauriert im *Argosy Book Store* **2** *(▸K5)*, einem heute noch existierenden Antiquaritat, verstaubte Folianten.

Ihre freien Nachmittage verbringen sie am *Washington Square* **43** *(▸E4)*, wo sie sich Kaffee aus der Thermoskanne teilen und den Musikern am Brunnen zuhören. Damals wie heute zieht der weitläufige Platz mit dem Triumphbogen Studenten der nahen Uni-

Der Fotokünstler Robert Mapplethorpe 1985 in seinem Studio in Chelsea. Vier Jahre starb später starb er an Aids.

versität und Liebespaare an. Lediglich die Thermoskannen sind durch Coffee-to-go-Becher mit geschäumtem Milchkaffee aus biologischem Anbau ersetzt worden. An sonnigen Sonntagen begeistert manchmal ein Pianist an seinem Flügel die Passanten.

An einem Spätsommertag geraten Robert, behängt mit bunten Glasperlen und einer weißen Schafwollweste über dem nackten Oberkörper, und Patti, in löchrigen Schals und Beatnik-Sandalen, ins Visier eines älteren Touristenpaars. »Das sind bestimmt Künstler«, mutmaßt die Frau. »Unsinn, das sind Kids wie alle anderen«, antwortet ihr Begleiter. »Just Kids« – die flapsige Floskel wird mehr als 30 Jahre später zum Titel von Pattis Smiths Erinnerungsbuch an ihre New Yorker Jahre mit dem 1989 an Aids verstorbenen Fotografen Robert Mapplethorpe.

Wie viele Künstler ziehen Robert und Patti Anfang der 70er-Jahre ins legendäre *Chelsea Hotel* **11** *(‣ G 3)*, wo sie im Tausch für

Roberts Bilder ein billiges Zimmer bekommen. Die Toilette auf dem Flur teilen sie sich mit anderen. Sie treffen den Beat-Dichter *William Burroughs*, »todschick im dunklen Gabardinemantel und grauen Anzug«, dem Patti jedes Mal, wenn er übernächtigt aus der Kneipe in die Lobby torkelt, die Krawatte zurechtrückt.

Die Liebesbeziehung zwischen ihr und Robert, der inzwischen seine homosexuellen Neigungen auslebt, geht in Freundschaft über: zwei verwandte Künstlerseelen, die sich gegenseitig befruchten. *»Das Chesea war wie ein Puppenhaus in der Twilight Zone, mit Hunderten von Zimmern, von denen jedes ein eigenes kleines Universum barg. Ich liebte dieses Hotel, seine schäbige Eleganz und die Geschichte, die es so eifersüchtig bewahrte … So viele Menschen hatten in den Zimmern dieses viktorianischen Puppenhauses geschrieben, gesprochen, sich vor Schmerzen oder Lachen gewunden. So viele Röcke waren raschelnd über die ausgetretenen Marmorstufen geglitten. So viele unstete Seelen hatten sich hier vermählt, sich hier verewigt und kapituliert. Wenn ich von Stockwerk zu Stockwerk huschte, schnüffelte ich ihrem Geist hinterher und sehnte mich nach Gesprächen mit dieser dahingegangenen Prozession rauchender Raupen.«*, schreibt Patti Smith über diese Zeit.

PATTI SMITH – IKONE DER FRAUENBEWEGUNG

Mitte der 70er wird sie mit ihrer LP »Horses« zur Zentralfigur der New Yorker Punkbewegung. Auf dem Cover mit der berühmten Fotografie von Robert Mapplethorpe posiert die Rebellin in einem weißen Herrenhemd, mit herausforderndem Blick und Amphetamin-mager. Drei Jahre später bringt sie ihre Fans mit dem gemeinsam mit *Bruce Springsteen* entstandenen Hit »Because the Night« zum Toben. Mit ihren zärtlich-zornigen Texten und ihrer unkonventionellen Lebensweise wird sie zu einer Ikone der Frauenbewegung. 1980 heiratet Patti Smith den Gitarristen *Fred*

Smith und zieht mit ihm nach *Detroit*, wo sie zusammen zwei Kinder bekommen. 1994 stirbt ihr Mann, zwei Jahre später steht die Patin des Punk mit dem Album »Gone Again« zum ersten Mal wieder auf der Bühne. Seither geht sie wieder auf Tournee.

Robert Mapplethorpe macht sich in den 80er-Jahren in den Galerien von *SoHo* als Fotograf von Porträts und sinnlichen Blumenstillleben einen Namen. *Andy Warhol*, den er als künstlerisches Vorbild verehrt, *Richard Gere, Grace Jones* und *Peter Gabriel* lassen sich von ihm porträtieren. Wegen seines exzessiven Lebens und seiner homoerotischen Fotos wird Mapplethorpe bewundert und angefeindet. 1988, ein Jahr vor seinem Tod, widmet ihm das *Whitney Museum of American Art* eine erste große Retrospektive.

ARGOSY BOOK STORE **2** ▸ *K5*
116 East 59th Street, Midtown
www.argosybooks.com
▶ Subway: Lexington Avenue, 59th Street

CHELSEA HOTEL **11** ▸ *G3*
222 West 23rd Street, Chelsea
▶ Subway: 23rd Street

TOMPKINS SQUARE PARK **37** ▸ *E6*
East Village
▶ Subway: First Avenue

WASHINGTON SQUARE **43** ▸ *E4*
Greenwich Village
▶ Subway: West 4th Street

WHITNEY MUSEUM OF AMERICAN ART
945 Madison Avenue, Upper East Side
www.whitney.org
▶ Subway: 77th Street

PAUL AUSTER

geb. 1947

SIRI HUSTVEDT

geb. 1955

Die Romane des Schriftstellerpaares sind eine fantasievolle New-York-Lektüre. Die meisten ihrer Bücher spielen an realen Schauplätzen. Man kann ihnen folgen wie einem Führer.

Ihr Revier ist die *Upper West Side* von *Manhattan*: die renommierte *Columbia University*, der *Riverside Park*, die *Amsterdam Avenue* und ihre Querstraßen im Nordwesten des *Central Parks* *(▸ K3/4)*. Hier spielt sich der Alltag der Literaturstudentin Iris Vegan ab, die gerade aus dem Mittleren Westen nach New York gezogen ist und nun in einem One-Bedroom-Apartment in der *109th Street West* lebt.

Tagsüber schreibt Iris in der *Butler Library* an ihrer Doktorarbeit, nachts liegt sie oft wach, weil die Hitze sie nicht schlafen lässt. Dann lauscht sie den Geräuschen der Stadt oder beobachtet durch ein vergittertes Fenster über dem Luftschacht ihre Nachbarn. Um ihr Studium zu finanzieren, jobbt sie als Kellnerin oder tänzelt als Hausmannequin bei *Bloomingdale's* **5** *(▸ K5)* in einem Overall aus roter Fallschirmseide durch die Abteilungen. Manchmal besucht Iris Restaurants in *Chinatown* und ärgert sich über ihren Freund Stephan, der sich nicht nur erheblich verspätet, sondern auch noch von hinten anschleicht.

Zwei großartige New-York-Autoren: Siri Hustvedt und ihr Ehemann Paul Auster bei einem Literaturfestival.

In ihrem 1992 veröffentlichten Roman »Die unsichtbare Frau« schickt die hochattraktive New Yorker Autorin Siri Hustvedt ihre weibliche Hauptfigur durch ein exakt beschriebenes *Manhattan*, in dem selbst die Namen der Subway-Bahnhöfe genannt werden. *»Als der Zug aus der Station Seventy Second-Street herausrumpelt«*, küsst der oft etwas distanzierte Stephan seine Freundin. *»Es lag Wut in dem Kuss, und für diese kurze Zeit genoss ich meine Macht«*,

Eine Szenerie wie aus einem ihrer Romane: die Amsterdam Avenue in Harlem. Auster und Hustvedt beschreiben das alltägliche New York.

geht Siri Hustvedts Romanfigur Iris in diesem Moment durch den Kopf.

Das Paar hat gerade einen gemeinsamen Bekannten in dessen Dachterrassenwohnung am *Broadway* **6** *(▸ F 4)* besucht. »*Wir blickten über eine andere Landschaft der Stadt – gleißende Teerflächen, geheimnisvolle Stromleitungen, rostige Rohre und merkwürdige kleine Verschläge. Wir waren schlapp vom Essen und redeten wenig.*« Eine Stadtimpression, die jeder wiedererkennt, der vom oberen Stock eines Hochhauses über *Manhattan* schaut. Und ein Hinweis darauf, dass neben den Höhen auch die Untiefen der Stadt und die ihrer Protagonisten ausgelotet werden.

George – so heißt der Bewohner des »weißen, fast leeren Loft« – ist Fotograf. Er und Iris haben sich im *Hungarian Pastry Shop* auf der *Amsterdam Avenue* kennengelernt, einem preiswerten Bistro, vor dem man im Sommer draußen sitzen und das Studentenleben beobachten kann. Nachts schleicht er durch die schmalen Straßen und klettert auf Feuerleitern, um, »*hinter Mülltonnen versteckt, in der Dunkelheit Fotos zu erbeuten*«. Auch von Iris macht George Aufnahmen, darunter ein merkwürdig verhuschtes Porträt, das er zu ihrem Entsetzen in einer Galerie ausstellt. Ebenfalls in der *Amsterdam Avenue* liegt das Mietshaus mit dem kaputten Aufzug und die mit Bücherregalen vollgestellte Wohnung des verschrobenen Mr. Morning, der die notorisch unter Geldmangel leidende Literaturstudentin mit der rätselhaften Beschreibung von Alltagsgegenständen beauftragt.

SIE HABEN SICH GESUCHT UND GEFUNDEN

Neben dem Wiedererkennungswert der geschilderten Schauplätze wirkt auch die Biographie der Iris Vegan seltsam vertraut. Kein Wunder, hat doch deren geistige Schöpferin sehr viel mit ihrer Protagonistin gemeinsam: Auch Siri Hustvedt stammt aus dem Mittleren Westen. Sie wurde am 19. Februar 1955 in *Northfield, Minnesota,* als Tochter der Norwegerin *Ester Vegan* und *Lloyd Merlyn Husvedt*, eines Professors für norwegische und amerikanische Geschichte, geboren. Sie wächst zweisprachig auf und will Schriftstellerin werden. Mit nur wenig Geld und voller Hunger auf die Geheimnisse der Großstadt, zieht sie, genau wie ihre Romanfigur, zum Literaturstudium nach New York. Sie promoviert an der *Columbia University* über Sprache und Identität bei *Charles Dickens* und lernt 1981 bei einer Dichterlesung den am 3. Februar 1947 in *New Jersey* geborenen Schriftsteller Paul Auster kennen.

Auch Auster, dessen jüdische Großeltern aus Galizien und der Ukraine eingewandert sind, hat an der *Columbia* Literatur studiert. Danach lebte er drei Jahre in *Paris*, wo er als Übersetzer arbeitete und *Samuel Beckett* kennenlernte. Zurück in New York übernahm er einen Lehrauftrag und schrieb seine ersten literarischen Texte. Als er Siri Hustvedt trifft, hat er sich gerade von seiner ersten Frau *Lydia Davis* getrennt hat und ist nach *Brooklyn (▸ A/B 6/7)* gezogen. Die beiden heiraten 1982 und bekommen eine gemeinsame Tochter, die sie nach Sophie Fanshawe, einer der weiblichen Figuren aus Paul Austers New-York-Trilogie, *Sophie* nennen.

Die Gemeinsamkeiten in der Lebensgeschichte und den Romanen der beiden Schriftsteller sind bei näherem Hinsehen spannend und frappierend. Denn auch Paul Austers inzwischen gut 30 Romane, Erzählungen und Drehbücher spielen in New York. Die Protagonisten seiner existenzialistisch inspirierten Werke sind Schriftsteller wie er selbst und unermüdlich unterwegs auf der Suche nach Sinn und Identität. Biographie und Fiktion verschmelzen bis zur Unkenntlichkeit.

Der Hauptakteur seines 1985 erschienenen Romans »Stadt aus Glas«, dem ersten Buch seiner berühmten New-York-Trilogie, ist der nach einem Schicksalsschlag gebrochene Schriftsteller Quinn. Durch einen mysteriösen Telefonanruf erhält er den Auftrag, das Leben eines anderen zu observieren und gerät dadurch in ein verwirrendes Versteckspiel, das in verstörenden Grenzgängen durch ein penibel vermessenes New Yorker Straßennetz kulminiert. Virtuos spielt Auster dabei mit seinen Figuren, deren Doppelgängern, Künstlernamen, Pseudonymen und Identitäten.

Quinn übernimmt seine kriminalistischen Ermittlungen unter dem Namen Paul Auster und lernt dabei nicht nur einen Autor namens Paul Auster kennen, sondern auch dessen Frau Siri Hustvedt: *»Er blickte auf und sah zuerst die Frau. Dieser eine kurze Augenblick reichte aus, um ihn innerlich aufzuwühlen. Sie war eine große schlanke Blondine, strahlend schön, von einer Energie und einem Glück, die alles um sie herum unsichtbar zu machen schienen.«* Eine treffende Beschreibung der echten Siri

Die dunklen Ecken von New York – Austers Thema: Cortlandt Alley in Chinatown.

Hustvedt und eine literarische Liebeserklärung par excellence. Kein Wunder, dass die beiden Schriftsteller in *Deutschland* und *Frankreich*, wo ihre Romane populärer sind als in Amerika, als das literarische Traumpaar von New York gelten.
In Austers Trilogie spielt die Stadt am Hudson nicht nur im Titel eine zentrale Rolle. New York definiert geographisch wie existenziell die Schicksale seiner Romanfiguren. Für sein Alter Ego Quinn ist New York *»ein unerschöpflicher Raum, ein Labyrinth von endlosen Schritten, und so weit er auch ging, so gut er seine Viertel und Straßen auch kennenlernte, es hinterließ in ihm immer das Gefühl, verloren zu sein… New York war das Nirgendwo, das er um sich aufgebaut hatte, und es war ihm bewusst, dass er nicht die Absicht hatte, es jemals wieder zu verlassen.«*

Nach ausholenden Parcours quer durch *Manhattan* – eine Route, die man auf einem Stadtplan nachzeichnen und in einem halben Tag ablaufen kann – lässt sich Quinn auf einer Bank vor dem *United Nations Headquarter* **41** *(▸ J5/6)* nieder und notiert, was er unterwegs gesehen hat: einen blinden Bleistiftverkäufer, einen alten, Stepp tanzenden Schwarzen, Saxophonisten, Gitarristen, Geiger und einen Klarinettisten mit zwei aufziehbaren

Affen, »*Verrückte, die sich in ihren Wahnsinn eingeschlossen haben und mit sich selbst reden, murmeln, schreien, fluchen, stöhnen*«, Menschen, die sich selbst Geschichten erzählen, als hörte ihnen jemand zu.

»*Da sind die Frauen mit ihren Einkaufstüten und die Männer mit ihren Pappkartons, die ihre Habseligkeiten von einem Ort zum anderen tragen, immer unterwegs, als ob es von Bedeutung wäre, wo sie sind. Der Mann, der sich in eine amerikanische Flagge eingehüllt hat. Die Frau mit einer Halloween-Maske vor dem Gesicht.*«

Mit der Schilderung dieser Gescheiterten spiegelt die »Stadt aus Glas« die Schattenseiten von New York. Als der Roman 1987 erscheint, steht die Stadt kurz vor dem Kollaps, in den Straßen sind Armut und Verwahrlosung unübersehbar.

IRRWEGE DURCH EINE »ZERBROCHENE« STADT

Die soziale Schere klafft damals wesentlich augenfälliger auseinander als heute. »*Die Zerbrochenheit ist allgegenwärtig, die Unordnung universal … Die zerbrochenen Menschen, die zerbrochenen Dinge, die zerbrochenen Gedanken.*«

Am Ende dieser, wie der Autor selbst sagt, »undurchsichtigen Geschichte« meldet sich deren Schöpfer, der echte Paul Auster, zu Wort, um seine Leser ein letztes Mal in die Irre zu führen. »*Ich kehrte im Februar von meiner Afrikareise zurück, wenige Stunden bevor ein Schneesturm New York heimsuchte. Ich rief an diesem Abend meinen Freund Auster an, und er bat mich eindringlich, ihn aufzusuchen, so rasch ich konnte.*«

Eine andere Art von literarischem Versteckspiel spielt Siri Hustvedt. Ihre »unsichtbare Frau« Iris schlüpft, zunächst spielerisch, dann immer zwanghafter – in die Rolle eines Mannes. An Halloween, den Oktobertagen, an denen ganz New York mit ausgehöhlten Kürbissen dekoriert ist, verkleidet sie sich für eine

Kostümparty in einer Lagerhalle in Tribeca. Nachdem sie Gefallen an ihrem Rollentausch gefunden hat, lässt sie sich einen Bürstenhaarschnitt machen. Angeregt durch die Hauptfigur eines Romans, den sie für ihren Professor übersetzt, zieht Iris von nun an als »Klaus« durch die Kneipen.

Die Stadtschreiber Auster und Hustvedt wohnen in *Brooklyn* *(▸ A/B 6/7)*. Auster, von der »Neuen Züricher Zeitung« als »charismatischer Dirigent einer mächtigen Musik des Zufalls« gerühmt, hat seinem Viertel in »Die Brooklyn Revue« (2005) und mit dem Drehbuch zu »Smoke« (1995) ein Denkmal gesetzt. Zwölf Jahre lang fotografiert der Zigarrenverkäufer Auggie, verkörpert durch *Harvey Keitel*, jeden Morgen die Straßenkreuzung Ecke *Atlantic Avenue/Clinton Street* und dokumentiert damit den Wandel alles Vergänglichen. *»Es heißt immer, um die Welt zu sehen, muss man verreisen. Aber wenn du hier bleibst und die Augen offen hältst, siehst du wirklich mehr als genug.«*

ATLANTIC AVENUE/CLINTON STREET
Brooklyn
▶ Subway: Borough Hall

BLOOMINGDALE'S **5** ▸ *K5*
3rd Avenue, 59th Street/Lexington Avenue, Midtown
www.bloomingdales.com
▶ Subway: Lexington Avenue, 59th Street

COLUMBIA UNIVERSITY UND BUTLER UNIVERSITY
115th Street zwischen Broadway und Amsterdam Avenue, Upper West Side
▶ Subway: 116th Street, Columbia University

HUNGARIAN PASTRY SHOP
1030 Amsterdam Avenue/111th Street, Upper West Side
▶ Subway: 110th Street, Cathedral Parkway, Linie 1

SARAH JESSICA PARKER

geb. 1965

Sie ist der Star von »Sex and the City« und verkörpert ein Lebensgefühl von New York, bei dem selbst der Irrsinn der Wall Street nicht mithalten kann. Es geht um den Irrsinn Liebe und Erotik.

New York City dreht sich nur um Sex. Leute, die ihn haben. Leute, die ihn gern hätten. Und Leute, die nie welchen kriegen. Diese Stadt kann niemals schlafen. Sie ist zu beschäftigt, sich flachlegen zu lassen.« Carrie Bradshaw schreibt gern Klartext. Die New Yorker Lifestyle-Journalistin bringt ihre Thesen nicht nur provozierend auf den Punkt, sondern liefert die nackten Facts gleich hinterher. Diese fiktive Kultfigur unserer Tage beschreibt keine Fiktion, sondern ein wahres Lebensgefühl dieser Stadt. Es geht schlicht um den ersten aller Instinkte …

»Sex sells«. Darauf kann man sich verlassen, in der Zeitung, auf der Leinwand, im richtigen Leben. Vor allem, wenn die angeblich schönste Nebensache der Welt so pointiert und prickelnd inszeniert wird wie in der New Yorker Serie »Sex and the City«. Viele Millionen von Zuschauern in Amerika und Europa haben sich von Carrie, verkörpert durch die Schauspielerin Sarah Jessica Parker, und ihren drei Freundinnen amüsieren und schockieren, aufklären und bestens unterhalten lassen.

Mit ihrer Rolle als Carrie Bradshaw in der Kultserie »Sex and the City« wurde die Schauspielerin Sarah Jessica Parker weltberühmt.

Seit Woody Allens »Stadtneurotiker« hat nichts unser Bild von New York so stark geprägt wie diese Fernsehserie. Mit ihren offensiv femininen Konfliktbewältigungsstrategien können die Protagonistinnen von »Sex and the City« durchaus als Erbinnen von Woody Allen angesehen werden. Hier wie dort spielen sich die schier unerschöpflichen Komplikationen im Stellungskampf paarungswilliger Großstädter im gepflegten Ambiente der gebil-

Einer der Drehorte aus »Sex and the City«. Im Onieal's treffen sich die vier Frauen zum Klatschen.

deten, weißen Upper-Middle-Class ab. Und hier wie dort schwingt dabei jene kosmopolitische Prise »Sophistication« mit, die zwischengeschlechtliche Unvereinbarkeiten so amüsant und den New Yorker Humor für Europäer so anziehend macht. Sätze wie: *»Nachdem wir etliche Wochen miteinander geschlafen hatten, waren Big und ich endlich soweit, dass wir miteinander schlafen konnten«* hätte auch Allen nicht besser formulieren können.

Das Fundament für die weibliche Übernahme des Themas Sex und New York legte in den 90er-Jahren die Journalistin *Candace Bushnell.* Sie schrieb eine Zeitungskolumne für den »New Yorker Observer« und machte daraus den Bestseller, auf dem die Serie basiert. Seitdem »Sex and the City« 1998 im Fernsehen anlief und später auch in die Kinos kam, gilt die New Yorker Hauptdarstellerin Sarah Jessica Parker als Ikone des Postfeminismus.

Weltweit haben vor allem Frauen den sechs Staffeln entgegengefiebert. Kommt Big zurück? Oder wird Carrie mit Aleksandr Petrovsky in Paris glücklich? Die Stars von »Sex and the City« sind vier gutsituierte, ledige Erfolgsfrauen im hormonell brisanten Alter zwischen 30 und 50. Auf ihrer Suche nach Liebe, Erotik und passenden Partnern hangeln sie sich experimentierfreudig durch die Single-Szene von *Manhattan*. Regelmäßig wie ein Häkelkränzchen treffen sie sich vorher und nachher bei ihrem Lieblingscocktail Cosmopolitan zu ausgiebigen Strategiebesprechungen. Ohne ein Blatt vor den Mund zu nehmen, inhaltlich ähnlich stringent wie eine männliche Stammtischrunde, dabei aber ungleich eleganter, loten sie ihre eigenen erotischen Untiefen und die ihrer Lover aus.

Jede von ihnen verkörpert eine andere weibliche Projektionsfläche. Carrie, die modebewusste Lifestyle-Journalistin, gibt mit ihrer Sex-Kolumne das Leitmotiv vor. Sie ist zierlich und smart, hat eine Schwäche für sündhaft teure Manolo-Blahnik-Sandalen und experimentiert mit Männern genauso schwungvoll wie mit ihrer Löwenmähne. Ihr Revier und das ihrer Freundinnen ist *Manhattan*: die vornehme *Upper East Side (▸ E4–K4)*, wo Carrie wohnt, die Galerien von *Chelsea (▸ F/G2–4)*, in denen Vernissagen mit durchgeknallten Leuten stattfinden, das trendige *SoHo (▸ D4)* mit seinen markanten Feuerleitern, die exklusive Einkaufsmeile *Fifth Avenue (▸ E4–K4)* oder der *Meatpacking District (▸ E/F3)*, in dessen umfunktionierten Schlachthäusern heute statt Schweinehälften Designerfetzen vom Haken baumeln. Sogar die Szenen, die in Paris spielen, wurden an der *Upper East Side (▸ E4–K4)* im französischen Luxushotel *Plaza Athénée* **23** *(▸ K4)* gedreht.

EINE TOUR D'HORIZON ZU DEN DREHORTEN

Während Carrie alias Jessica Parker mit einer Mischung aus journalistischer Neugier, philosophischem Erkenntnisdrang und Sehnsucht nach dem Märchenprinzen durch die Straßenschluchten und Parks streift, konzentriert sich die PR-Frau *Samantha* unverhohlen auf das Wesentliche: den Sex in der City. Nur die rehäugige Galeristin *Charlotte* (»Frauen wollen gerettet werden«) glaubt noch an die klassische Rollenverteilung. *Miranda* dagegen, die coole, rothaarige Juristin, ist die Erste, die nach einer ungeplanten Schwangerschaft aus dem Single-Revier Manhattan ausbricht: Als sie ihren Freundinnen verkündet, dass sie mit Kind und Mann nach *Brooklyn (▸ A/B 6/7)* ziehen wird, ist der Teufel los. Von *Manhattan* wegzuziehen, das ist für die anderen dasselbe wie »vom Rand der Erde zu fallen.«

Dass die vier New Yorker Freundinnen die gleichen Themen komödiantisch entschärfen, die auch Single-Frauen in London, Wien oder Berlin um ihre Nachtruhe bringen, hat sicher zum weltweiten Erfolg der Serie beigetragen. Kein Wunder, dass auch die »On Location-Tours« zu den Drehorten von »Sex and the City« bevorzugt von Freundinnen gebucht wird. *»Hellohellohello, ich bin heute eure Sexpertin«*, jubelt eine Reiseführerin namens Amy im Sightseeing-Bus und stellt auch gleich die Gretchenfrage: *»Wer von euch ist Carrie, wer ist eine Miranda, eine Samantha oder Charlotte?«* Die echte Sarah Jessica Parker hat sie vor Jahren zufällig in der Garderobe eines Restaurants getroffen, in dem sie sich mit dem »Babysitting« von Mänteln Geld verdiente. »Oh-My-God!« Amy spielt nach, wie es ihr damals die Sprache verschlagen hat.

Eine Stunde und drei unterwegs ausgestrahlte TV-Pointen später stürmen die Carries, Mirandas, Samanthas und Charlottes das *Buddakan* **9** *(▸ F 3)*. In dem stylischen Szenetreff mit seinen opulenten Kristalllüstern und der chinesischen Landschaftsszene über der Bar tauschen Carrie und Big beim Junggesellenabend ihren »letzten Single-Kuss« aus. So glauben sie jedenfalls … Doch am nächsten Tag wird die (von der Stardesignerin Vivian Westwood) hochgerüschte Braut in der *New York Public Library (▸ H 4)* vergeblich auf ihren Bräutigam warten und ihm später auf offener Straße den Rosenstrauß um die Ohren fetzen.

Höchste Zeit für einen Cosmopolitan. Den gibt es bei *Onieal's Speakeasy* **21** *(▸ D 5)*, einem Ecklokal in *Chinatown*. Auf dem Weg

Premiere von »Sex and the City 2«: Sarah Jessica Parker, Kristin Davis, Kim Cattrall und Cynthia Nixon.

dorthin passiert der Bus das *West Village* ***(‣ D/E 3/4)***, wo Sarah Jessica Parker lebt, gleich um die Ecke von *Julia Roberts*. In ihrem realen Leben ist die dreifache Mutter, wie Sarah Jessica Parker in Interviews gern beteuert, ganz anders als die Schuhlady aus der Serie. Anstatt ihre Versprechen mit einem »Ich schwöre bei Chanel!« abzusichern, gehört sie zu den »coolen, hippen Müttern, die noch in der Stadt wohnen« (O-Ton Carrie) und sich statt einer Handtasche lieber einen Hausmann zulegen – eine Spezies, die in der TV-Serie selten, auf den Straßen des *Village* dagegen häufig zu sehen ist. Parker hat ihren Mr. Right, den Schauspielerkollegen *Matthew Broderick*, 1997 geheiratet und mit ihm drei Kinder bekommen. Die zuletzt geborenen Zwillinge ließ sie von einer Leihmutter austragen, weil sie selbst nicht schwanger wurde.

Die Schauspielerin, die am 25. März 1965 in *Nelsonville, Ohio,* geboren wurde und mit sieben Geschwistern und Halbgeschwistern in *New Jersey* aufwuchs, wurde im jüdischen Glauben erzogen. Bereits im Alter von acht Jahren stand sie zum ersten Mal vor der Kamera. Zwei Jahre später spielte sie mit einem ihrer Brüder in einem Broadway-Stück und übernahm 1979 die Hauptrolle in dem Musical »Annie«. Später trat sie im Film und Fernsehen auf und wurde mit Nachwuchspreisen ausgezeichnet. In Amerika wurde sie 1992 an der Seite von *Nicolas Cage* in »Honeymoon in Las Vegas« bekannt, den internationalen Durchbruch brachte dann »Sex and the City«.

SIE LIEBT DEUTSCHE WÜRSTCHEN

In dem 2011 erschienenen Kinofilm »Der ganz normale Wahnsinn – Working Mum« spielt Parker eine Mutter, die Kinder und Karriere gleichzeitig unter einen Hut bringen muss. Ein Film über »die Schizophrenie des Berufsalltags«, wie sie sagt, und ein Thema, das ihr mehr am Herzen liegt als die sexuellen Notstände von Singlefrauen. *»Frauen müssen sich heute in einer Männerwelt behaupten, sollen gleichzeitig professionell, gute Mütter und auch noch attraktiv sein.«*

In einem Interview mit einem deutschen Frauenmagazin bekennt sie: *»Nur zur Beruhigung: Auch ich bin keine perfekt Mutter und fühle mich oft als Versagerin. Aber meistens ist man von sich selbst mehr enttäuscht als die anderen.«* Ihren Kindern möchte sie neben konservativen Werten wie Anstand, Disziplin und Rücksichtnahme vor allem beibringen, mit offenen Augen durch die Welt zu laufen: *»New York ist eine so interessante Stadt. Aber wenn man hier lebt, passiert es leicht, dass man an den sensationellsten Ecken vorbeiläuft und sie gar nicht mehr wahrnimmt.«*

Auch sonst tritt Sarah Jessica Parker erfrischend bodenständig auf. Ihr Lieblingsessen ist nicht etwa eine besonders raffinierte Cross-over-Küche, sondern: deutsche Würstchen mit Kartoffelsalat. Und anstatt über Sex nachzudenken, strickt sie in Drehpausen Pullover. Mit diesem Hobby liegt sie im Trend, wie man am *Union Square* **40** *(▸ F4)* erleben kann, wo mit dem berühmten Buchladen *Barnes & Noble* **4** *(▸ F5)* und dem hippen »Coffee-Shop«, in dem nur Models servieren dürfen, weitere Drehorte von »Sex and the City« liegen. Samstags findet am *Union Square* ein Bauernmarkt statt, auf dem sich strickende New Yorkerinnen um einen Webstuhl scharen.

Sarah Jessica Parker lebt gerne in New York. Besonders mag sie die Straßen östlich des *Sutton Place* **32** *(▸ K6)*, ein exklusives Wohnviertel mit Blick auf den *East River* und die *Queensboro Bridge*. Auch der von ihr verehrte Kollege Woody Allen hat diesem aussichtsreichen Platz in »Manhattan« ein filmisches Denkmal gesetzt. Womit sich ein Kreis schließt.

BUDDAKAN **9** ▸ *F3*
75 Ninth Avenue between 15th & 16th Street, Chelsea
www.buddakannyc.com
▶ Subway: 14th Street, 8th Avenue

PLAZA ATHÉNÉE **23** ▸ *K4*
37 East 64th Street at Madison Avenue, Upper East Side
▶ Subway:Lexington Avenue, 63th Street

ONIEAL'S SPEAKEASY **21** ▸ *D5*
174 Grand Street bei Centre Street, Chinatown
www.onieals.com
▶ Subway: Grand Street

UNION SQUARE **40** ▸ *F4*
14th Street/Broadway, Farmer's Market
▶ Subway: 14th Street, Union Square

ON LOCATION-TOURS, SEX AND THE CITY HOTSPOTS
www.screentours.com

PERSONENREGISTER

Eine *kursive* Zahl verweist auf eine Abbildung.

ORTS- UND SACHREGISTER

Eine *kursive* Zahl verweist auf eine Abbildung, eine **fett** gedruckte Zahl verweist auf eine Adresse am Ende der Kapitel.

Liebe Leserinnen und Leser,
vielen Dank, dass Sie sich für einen Titel aus unserer Reihe MERIAN porträts entschieden haben. Wir freuen uns, Ihre Meinung zu diesem Buch zu erfahren. Bitte schreiben Sie uns an merian-portraets@travel-house-media.de.

ISBN 978-3-8342-1251-1
1. Auflage

TRAVEL HOUSE MEDIA
Postfach 86 03 66
81630 München
www.merian.de

TRAVEL HOUSE MEDIA

Ein Unternehmen der
GANSKE VERLAGSGRUPPE

PROGRAMMLEITUNG
Dr. Stefan Rieß
PROJEKTLEITUNG
Susanne Kronester
REDAKTION
Juliane Helf
LEKTORAT
Richard Schmising
BILDREDAKTION
Lisa Grau
SCHLUSSREDAKTION
Sebastian Hofmann
HERSTELLUNG
Gloria Schlayer, Bettina Häfele
SATZ/TECHNISCHE PRODUKTION
h3a GmbH, München
REIHENGESTALTUNG
independent Medien-Design, Horst Moser, München
DRUCKVORSTUFE
Repro Ludwig, Zell am See
DRUCK UND BINDUNG
Druckerei Kösel, Krugzell

PEFC
PEFC/04-31-1765

BILDNACHWEIS
S. 6–7 (v.l.n.r.): Getty Images: S. Layda/Photographer's Choice, ullstein: The Granger Collection, Bildagentur Huber: Kremer, shutterstock: Bruno Ferrari; S. 8–9 Orientierungskarte Gecko Publishing GmbH
akg-images: 15, AP 43 • Bildagentur Huber: Gräfenhain 103, Kremer 108 • Bildagentur-online: Tips-Hermes 20, 23, Lescourret 132 • Bridgemanart 35 • Cinetext: 91, Richter 75, Distler 131, Allstar 167 • CORBIS: Hulton-Deutsch Collection 63 • culture-images: Lebrecht Music & Arts 39 • ddp images: AP/B. Goldberg 55 • dpa Picture-Alliance: Print Collector 11, IMAGNO/Austri 19, UPI 27, Polfoto Havemann 155 • Getty Images: New York Daily News 31, T. A. CLARY/AFP 36, Bentley Archive/Popperfoto 44 • imago: UPI Photo 100, 139, Unimedia Images 123 • interfoto: Lebrecht Music Collection 67, MIRISH CORPORATION/SEVEN ARTS/R. Grant Archive/M. Evans 71, Archiv Friedrich 83, NG Collection 111, Manchester Daily Express/SSPL 115 • JAHRESZEITEN VERLAG: P. Koschel 12, 79, 119, 124, 140 • Laif: F. R. Conrad/The New York Times/Redux 47, Archivio GBB/CONTRASTO 59, A. Kropa 2011/Redux 92, R. Mattes/hemis.fr 95, C. Kurz 99, Polaris 147, S. Piras/Redux 151 • Look: 52, 60 • People Picture: Graziani/PEOPPICT 51 • Picture Press: CAMERA PRESS/T. Paul 143 • Plainpicture: J. Spielman 159 • Schapowalow: Atlantide 156 • Ullstein: Reuters 163 • VISUM: A. Buellesbach 68, 76, SINTESI 107 • Bettina Winterfeld 28, 84, 87, 116, 127, 135, 148, 164